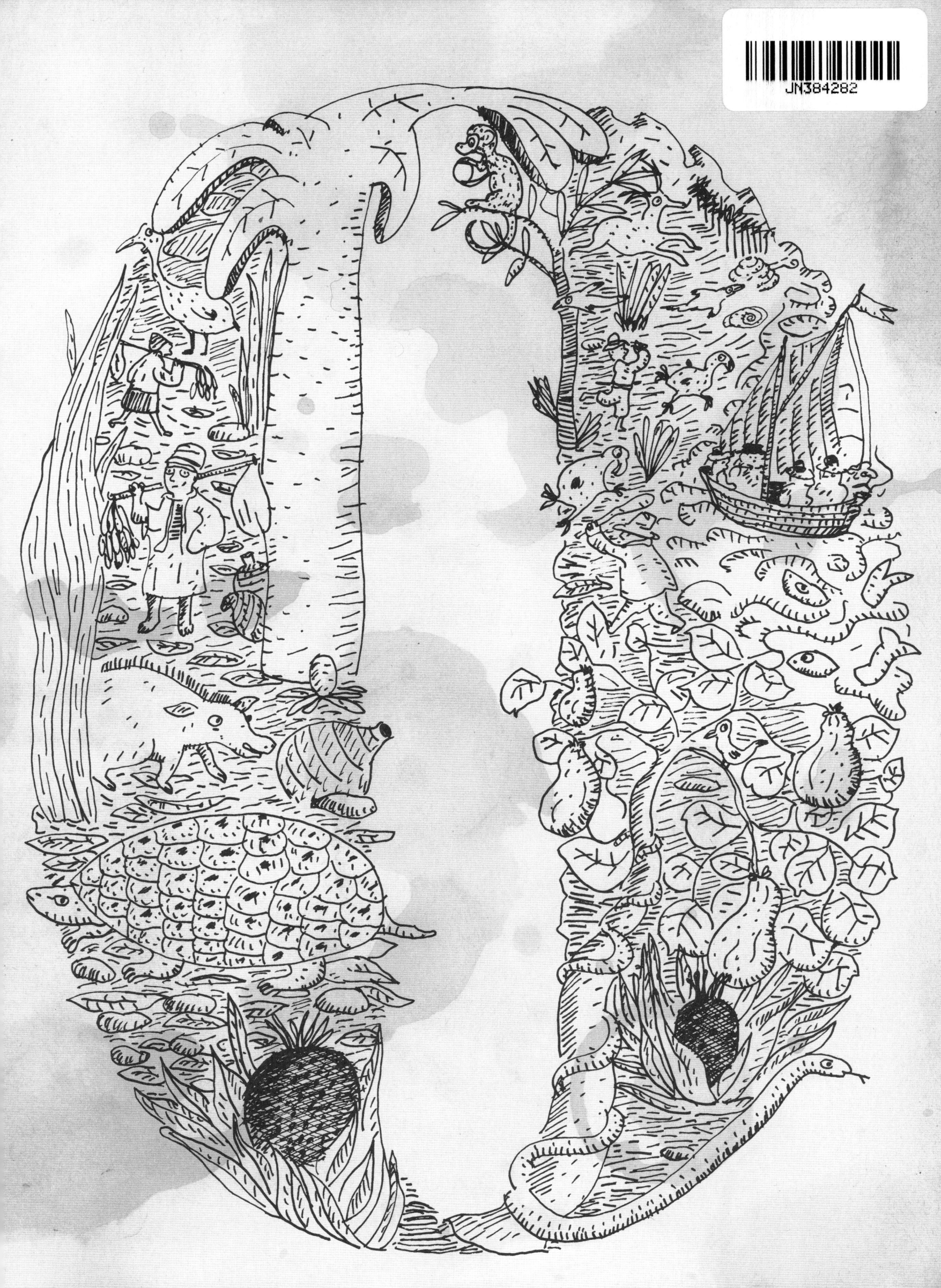

도도가 있었다

이자벨 핀

시금치

일러두기
* 본문의 각주는 원문의 각주를 그대로 옮겼습니다.

푸릇푸릇 지식 1

도도가 있었다

사라지고 살아남고 살아가는 생명 이야기

이자벨 팽 글·그림 | 전진만 옮김

시금치

머리말 7

1. 도도라는 새 8
2. 깃털, 발톱 그리고 구부러진 부리 10
3. 도도, 낙원을 빼앗기다 12
4. 도도의 친구들 17
5. 도도의 먹이 18
6. 도도의 모래주머니 19
7. 도도 나무 20
8. 식물학자 피에르 푸아브르 21
9. 도도의 울음소리는 정말 "도도~"일까? 22
10. 조류학자 게랄트 마이어 23
11. 도도의 짝짓기와 새끼 기르기 26
12. 도도알의 비밀 27
13. 마저리 코트니래티머와 실러캔스 28
14. 펭귄, 비둘기 그리고 따오기 30
15. 디노사우르와 공룡 31
16. 생물 분류학자 칼 폰 린네 32
17. 꿈의 늪에 숨겨진 비밀 34
18. 남겨진 도도의 뼈 35
19. 고생물학자 메리 애닝 36
20. 식탁에 오른 도도 37
21. 탐험가 잔 바레 38
22. 도도의 험난한 바다 여행 40
23. 수집가 루돌프 2세 41
24. 도도에 대한 재미있는 기록들 42

25. 도도이즘 45
26. 동물 표본 제작자 힐데가르트 엔팅 46
27. 이상한 나라의 도도 48
28. 도도가 날지 못하는 이유 50
29. 동물은 어떻게 멸종할까 52
30. 마지막 도도 53
31. 모리셔스섬의 빛깔 54
32. 자연 과학자 마리아 지빌라 메리안 55
33. 멸종 동물이 다시 부활한다면 56
34. 스텔러바다소 58
35. 코끼리새 59
36. 붉은 레일 60
37. 콰가얼룩말 60
38. 태즈메이니아늑대 61
39. 멸종 위기에 처한 동물들이 그려진 세계 지도 62
40. 대왕판다 64
41. 파툴라달팽이 66
42. 큰귀상어 66

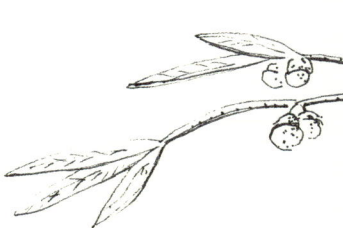

43. 모리셔스앵무새 67
44. 동물학자 제인 구달 68
45. 동물을 살리는 방법 69
도도에 대해 더 연구해 보세요! 70
참고한 책과 인터넷 사이트 71

"숲을 파괴하는 일은,
우리 영혼의 일부를 갉아먹는 것과 같다."
제인 구달

머리말

인도양 중간쯤에는 여러 개의 작은 섬들이 있습니다. 서로 가까이, 나란히 붙어 있는 이 섬들은 마스카렌 제도입니다. 세 개의 주요 섬은 각각 모리셔스, 레위니옹, 로드리게스라고 불립니다. 아주 오래전 이곳에 괴상한 새가 살았는데, 그 새의 이름이 도도(Dodo)였습니다.

항해사였던 야코프 네크는 도도를 이렇게 묘사했습니다.

"이 새는 백조보다 크고, 몸통은 타조와 비슷하고, 부리는 독수리를 닮았다."

도도는 낙원과 같은 모리셔스섬에서 낯선 식물들, 상상 속에서나 나올 법한 동물들과 함께 평화롭게 살고 있었습니다. 하지만 안타깝게도 17세기 말에 사라졌지요. 현재 도도의 이름은 멸종 동물 목록에 올라와 있습니다.

그런데 멸종하기 전까지 도도는 어떻게 살았을까요? 도도는 정확히 어떻게 생겼을까요? 도도는 주로 어디에서 살았고, 어떤 동물들과 어울렸을까요? 도도가 즐겨 먹던 식물의 열매와 씨앗은 무엇이었을까요? 그리고 도대체 무슨 일이 벌어졌기에 아무런 해악도 끼치지 않았던 새가 갑자기 멸종해 버렸을까요? 사람을 두려워하지 않는 붙임성 때문에 도도가 멸종했다고 하는데, 과연 정말일까요? 그러면 동물의 멸종을 막기 위해 우리는 무엇을 할 수 있을까요? 이 질문들의 답을 이 책에서 찾아봅시다.

모험심이 가득한 독자께 이 책을 바칩니다. 즐거운 여행의 재미를 느껴 보세요! 이제 이야기는 400년 전으로 거슬러 올라갑니다.

1. 도도라는 새

400년 전, 사람들이 도도 또는 드론테(Dronte)라고 부르던 새가 있었습니다. 1752년, 조류학자 파울 하인리히 게르하르트 뫼링은 이 새에 라푸스 쿠쿨라투스(Raphus cucullatus)라는 학명을 붙였지요. 도도는 칠면조만큼 컸고, 몸무게는 10~15킬로그램 정도였습니다. 그런데 과거 사람들이 그린 그림들을 보면 도도는 모습이 매우 다양하고 크기와 체형도 제각각입니다.

도도는 인도양에서 화산 활동으로 생겨난 마스카렌 제도에서 살고 있었습니다. 마스카렌 제도는 아프리카 해안에서 약 2000킬로미터, 마다가스카르섬에서 800킬로미터 정도 떨어진 곳으로, 세 개의 주요 섬으로 이루어져 있지요. 도도는 그중 모리셔스섬에서 살았습니다. 수백만 년 넘게 섬의 숲에서 평화롭게 살았지요. 하지만 인간이 모리셔스섬을 발견한 지 200년도 못 되어 도도는 완전히 사라져 버렸습니다!

마지막으로 발견된 도도는 1690년경에 죽었습니다. 하지만 그보다 훨씬 전부터 도도는 이미 번식조차 할 수 없을 정도로 극소수만 남아 있었지요.

현재 살아남은 도도가 한 마리도 없기 때문에 이 새가 실재했다는 것을 증명할 수 있는 방법, 이 새에 대해 간접적으로 알 수 있는 방법은 세 가지뿐입니다.

* 서사시란 아주 오래전에 일어난 흥미진진한 모험들, 때론 위험천만한 일들을 기록한 글 양식입니다.

1. 과거 여행자들의 기록을 뒤져 보기
2. 살아 있던 도도를 스케치한 과거 연구자들의 그림을 관찰하기
3. 땅속에서 발굴한 도도의 유골들을 조사하기

그런데 이 세 가지 방법을 통해 얻은 증거들을 모두 모아 봐도 도도의 모습을 하나로 그려 내기는 어렵습니다. 어떤 도도는 몸집이 크고 통통한데 반해, 어떤 도도는 몸집이 작거든요. 또 어떤 도도는 부리가 거대한 반면에 거대한 부리를 갖기에는 크기가 너무 작은 도도가 발견되기도 합니다. 또한 다리가 긴 도도도 있고, 다리가 짧은 도도도 있습니다.

도도는 단순한 새가 아닙니다. 도도의 이야기는 우리 세상에서, 인간 틈바구니에서 살아남으려 몸부림친 동물의 비극적인 모험담이자 일종의 서사시*입니다. 도도의 멸종은 우리에게 세계와 자연 그리고 인간의 이야기를 전해 줍니다. 호기심에 이끌린 인간이 어떻게 주변의 생명을 찾아내고 아껴 주고 보호하는지, 그리고 때로는 어떻게 그 생명을 죽이고 돌이킬 수 없을 정도로 파괴하는지에 대한 이야기지요.

2. 깃털, 발톱 그리고 구부러진 부리

도도는 어떤 모습이었을까요? 도도의 모습을 알고 싶다면 새 도감이나 도도의 그림, 과거 여행자가 남긴 여러 기록들, 박물관에 전시된 도도의 표본을 찾아보세요. 그런데 뭔가 이상하지 않나요? 찾아본 사진이나 그림에서 보이는 도도의 모습, 책이나 안내판이 설명하는 도도의 모습이 제각각 다르지 않나요? 깃털의 색깔은 물론이고 심지어 도도의 전체적인 윤곽까지 다르지 않나요? 왜 이렇게 도도의 모습이 다를까요? 마치 사람들이 저마다 다른 도도를 보고 그림을 그린 것 같습니다.

그런데 우리가 이들의 그림을 전부 겹쳐 본다면 도도의 실제 모습을 알아낼 수 있지 않을까요? 이것이 도도의 진짜 모습이지 않을까요? 하지만 우리는 맞다, 아니다 하고 자신 있게 말할 수 없습니다. 왜냐하면 도도는 이제 더 이상 살아 있지 않고, 어느 누구도 도도의 모습을 확인할 수 없기 때문이지요. 도도는 뚱뚱할까요, 홀쭉할까요? 도도의 몸을 감싼 깃털은 갈색일까요, 회색일까요? 답은 간단합니다. 확실한 것은 아무것도 없다는 것이죠.

영국 출신의 역사가이자 탐험가인 토머스 허버트(1606~1682년)는 1634년에 도도를 다음과 같이 묘사했습니다.

체형과 희귀한 생김새 때문에 도도는 확실히 아라비아의 불사조와는 다른 평가를 받는 것 같다. 몸무게가 23킬로그램이나 나갈 정도로 몸통은 둥글둥글하고 뚱뚱하다. 사람들은 진기하고 괴상하게 생긴 외모 때문에 도도를 좋아하지 않는다. 단순히 잡아먹는 식용 동물이기 때문은 아니다. …… 도도는 …… 다부져 보이지만, 몸통 양쪽에 붙은 날개는 그와는 어울리지 않게 작고 약해 보인다. 마치 도도가 새라는

도도의 실루엣과 도도를 그린 사람들

1. 토머스 허버트, 1634년
2. 룰란트 사베리, 1626년
3. 알 수 없음, 1815년
4. 야코프 호프나겔, 1602년
5. 우스타드 만수르, 1625년
6. 아드리안 판더벤느, 1626년
7. 요하네스 테오도어 더 브리, 1601년
8. 야코프 네크, 1601년
9. 요리스 유스튼손, 1601년
10. 샤를 코크렐, 1882년
11. 월드북 백과사전, 1943년
12. 피터르 판덴브루케, 1617년경
13. 존 테니얼 경, 1989년
14. 룰란트 사베리, 1626년경

사실을 일깨우기 위해 존재하는 것 같다.

　머리의 반은 깃털이 벗어진 민머리이고 나머지 반은 밝고 투명한 베일 같은 깃털로 덮여 있다. 부리는 아래로 구부러져 있는데 가운데에는 숨구멍이 있다. 부리부터 주둥이 아래쪽까지는 초록빛을 띠고, 밝은 노란색도 섞여 있다. 눈은 작고 다이아몬드처럼 반짝거린다. 몸은 솜털처럼 보이는 깃털로 덮여 있고, 꼬리에는 어울리지 않는 세 가닥의 짧은 깃이 나 있다. 다리는 당당한 체구에 맞게 큼지막하고, 발톱은 날카롭다.

　도도를 처음 본 사람은 괴상한 외모 때문에 이 새가 상당히 우스꽝스럽다고 생각했습니다. 그래서인지 사람들은 도도를 그릴 때 조금 과장해서 묘사했던 것 같습니다. 도도를 그린 도감이나 그림을 보면 여러 특성이 매우 강조되어 있습니다. 아마도 사람들이 서로의 그림을 베껴 그렸기 때문일 거예요. 둥글둥글한 도도의 몸은 뚱뚱하게 묘사됐고 결국 뚱뚱하고 괴상한 모습으로 바뀌어 버렸습니다.

　도도를 본 대부분의 '증인들'은 이 새의 외모를 다음과 같이 묘사했습니다.

　그림을 보면 도도는 대체로 통통한 편입니다. 몸무게는 계절에 따라 달라졌을 텐데, 여름에는 잘 먹어 살이 쪘을 것이고 겨울에는 조금 말랐을 것입니다.

　여러 그림 속의 도도는 살쪄 보입니다. 왜냐하면 모리셔스섬에서 유럽으로 건너가는 긴 여행 동안 아무런 활동도 하지 않고 먹이만 받아먹어 살이 찐 도도를 화가들이 모델로 삼아 그렸기 때문입니다.

　도도는 모리셔스섬 숲속에서 여기저기 뛰어다니며 살았을 것입니다. 수풀과 나무들 사이를 헤집고 다니거나 해안가에서 소리를 지르면서 마냥 뛰어다녔을 수도 있지요. 그러니 도도가 살찌고 뚱뚱한 동물이었다는 것은 성급한 생각일지도 몰라요.

　하지만 도도가 매우 독특한 생명체라는 사실에는 변함이 없습니다. 도도의 동그란 엉덩이와 구부러진 부리는 한 번 보면 결코 잊을 수 없는 인상을 남겼을 거예요.

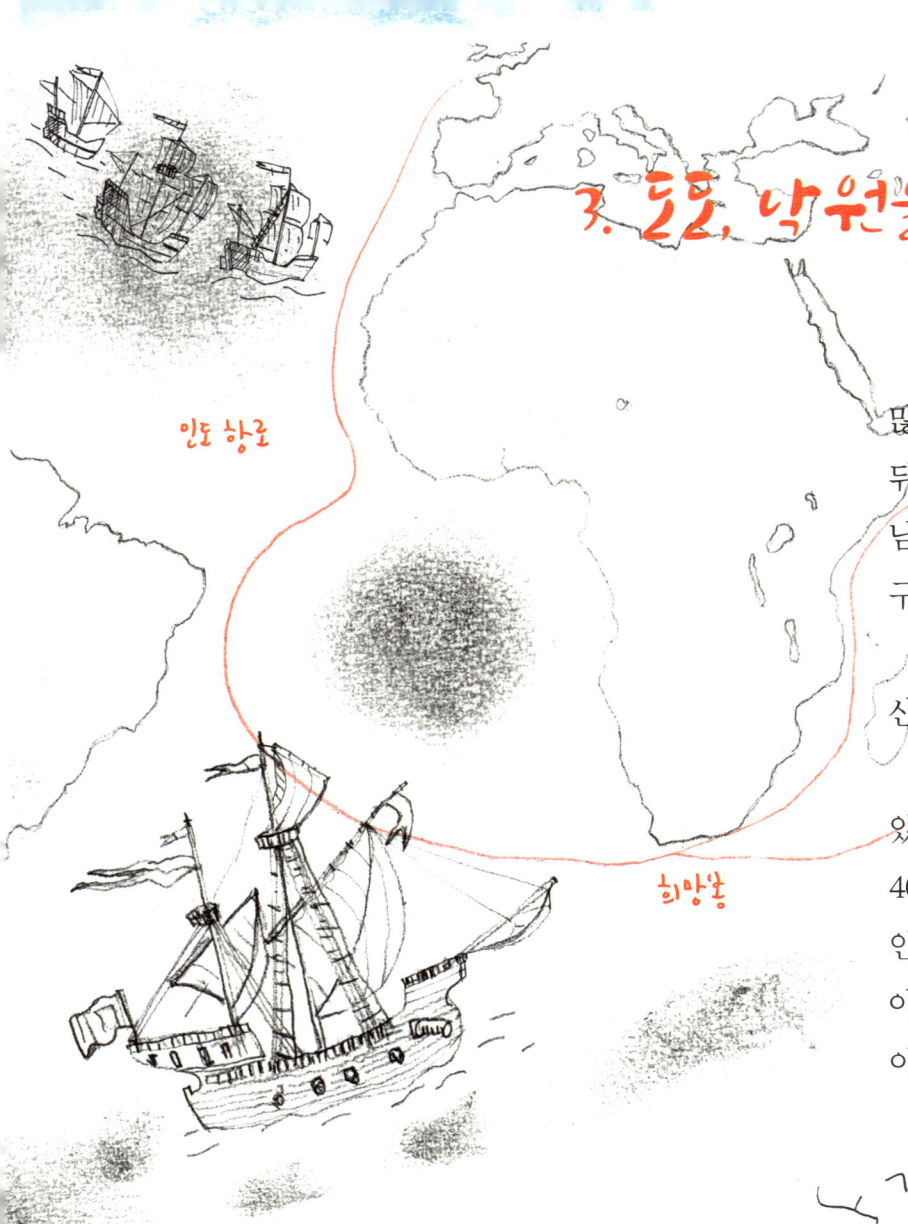

인도 항로

희망봉

3. 도도, 낙원을 빼앗기다

많이 살아 있었을 무렵 이 섬은 울창한 열대 우림으로 덮여 있었습니다. 오늘날에는 안타깝게도 숲이 거의 남아 있지 않습니다. 인적이 드문 외딴곳이나 자연 보호 구역으로 지정된 곳에만 원시림이 남아 있지요.

섬 주변에는 수백만 년에 걸쳐 산호가 자리를 잡았고, 이 산호들은 이제 산호초를 이루고 있습니다.

현재 모리셔스섬에는 다양한 인종이 뒤섞여 살고 있습니다. 물론 처음부터 그랬던 것은 아닙니다. 지난 400년 동안 있었던 파란만장한 사건들로 인해 여러 인종이 함께 살게 되었습니다. 이 섬에 대한 최초 기록은 아랍 지리학자*가 1502년에 그린 지도입니다. 오래전부터 이 섬은 아랍 사람들에게 잘 알려져 있었습니다. 나중에 유럽 사람들이 모리셔스섬을 발견하고 정착할 수 있었던 것도 아랍 사람들의 지도 덕분이지요.

베니티에섬

마스카렌 제도는 약 800만 년 전에 화산 활동으로 생겨났습니다. 이 제도는 세 개의 주요 섬으로 이루어져 있는데 그중 가장 오래된 섬이 모리셔스입니다. 모리셔스섬에서 가장 높은 산은 작고 검은 강 봉우리라는 뜻의 '피통 드 라 프티 리비에르 누아르(Piton de la Petite Rivière Noire)'인데, 화산 활동이 끝난 사화산이고 높이는 828미터입니다. 비록 사화산이라고 하지만, '트루 오 세르(Trou aux Cerfs)'라고 불리는 굉장히 깊은 분화구들을 볼 수 있지요. 이 섬은 풍경이 매우 다채롭습니다. 북쪽 해안에는 바위가 많고, 만으로 이루어진 서부 해안에는 하얀 백사장이 펼쳐져 있으며 야자수와 카수아리나 나무가 줄지어 서 있습니다. 남쪽 해안에는 아름다운 절벽이 있지요. 현재 섬 전체에는 차 재배지와 사탕수수 농장이 자리 잡고 있습니다. 지난 300년 동안 사람들이 경작해 온 것이지요. 물론 인간의 발길이 닿기 전, 그러니까 도도가

*지구 표면에서 일어나는 자연 현상을 연구하는 과학자

모리셔스

부를 쌓고 싶었던 포르투갈, 네덜란드, 프랑스 그리고 영국 사람들은 후추, 생강, 계피와 같은 인도의 향신료를 최대한 빨리 유럽으로 가져와 많은 돈을 벌고 싶어 했습니다. 아무리 비싸더라도 기꺼이 사려고 할 만큼, 유럽 사람들은 이 향신료들을 무척 좋아했거든요. 그래서 각국의 사람들은 인도로 가는 가장 빠른 항로를 차지하기 위해 치열한 경쟁을 벌였습니다. 이것이 바로 세계화**의 시작이었지요. 1488년, 포르투갈 사람들은 가장 빠른 항로를 찾는 와중에 처음으로 아프리카 남단 희망봉을 경유했습니다. 1505년, 페드루 마스카레냐스라는 포르투갈 사람은 식량을 구하고 휴식도 취하기 위해 어떤 섬에 잠시 머무르게 되는데, 그곳이 바로 이곳 도도의 고향이었습니다. 마스카렌 제도라는 이름 역시 이곳을 처음으로 발견한 페드루 마스카레냐스의 이름에서 따왔습니다. 포르투갈 사람들에 이어 네덜란드, 프랑스 그리고 영국 사람들이 이 섬의 풍요로움을 누렸고, 더욱더 많은 것을 빼앗아 갔습니다.

페드루 마스카레냐스

후추
생강
계피
정향

피통 드 라 프티 리비에르 누아르

** 세계화란 사람들이 활발하게 전 세계를 돌아다니며 상품을 거래하고 기술과 문화를 서로 교환하는 것을 뜻합니다.

- 13 -

식민자*들은 숲의 나무를 베어 내고 그 자리에 커피를 비롯해 사탕수수, 바나나, 코코넛, 감귤 나무를 심었습니다. 또 항구와 정착지를 여러 개 건설하고는 아프리카 출신의 노예들을 이 섬으로 끌고 왔지요. 노예들은 늘 채찍질을 당했고, 영양실조에 시달리면서 일을 했습니다. 매질과 배고픔을 견디다 못해 죽거나 유럽에서 건너온 풍토병에 걸려 죽어 갔지요. 노예라고 불린 이들에게도 '영혼'이 있다는 사실을, 유럽 사람들은 오랜 시간이 흐른 다음에야 깨달았습니다(바르톨로메 데 라스카사스 신부가 1551년에 이미 이야기했는데도 말이지요). 그 뒤 유럽 사람들이 아프리카 사람들을 자신과 동등하고 평등한 사람으로 인정하기까지는 너무나 긴 시간이 걸렸습니다.

작가 베르나르댕 드생피에르는 1768~1771년 사이 모리셔스섬(당시 프랑스 사람들은 이 섬을 '일드프랑스'라고 불렀습니다)을 여행했습니다. 이 여행기에는 노예들에 대해 이렇게 적혀 있습니다.

입은 옷이라고는 허리춤에 겨우 걸친 누더기가 전부인 노예들이 섬에 상륙했다. 남자들은 이쪽 편에, 여자들은 저쪽 편에 서 있다. 아이들은 겁에 질려 어머니 곁에 매달려 있다. 섬 주민 한 명이 그들을 훑어보고는 필요한 노예들을 사들인다. …… 마치 물건을 사듯이 아프리카 사람들을 거래한다. 동틀 무렵에 주인은 세 차례 채찍질을 한다. 일을 할 시간이 되었다는 신호다. 노예들은 각자 쟁기를 들고 농장으로 향한다. 그리고 그곳에서 내리쬐는 햇볕을 받으며 거의 알몸으로 일을 한다.

생피에르는 노예 제도에 대한 자신의 생각도 덧붙였습니다.

커피나 설탕이 유럽 사람들의 행복을 위해 정말로 필요한 것인지 나는 잘 모르겠다. 하지만 이 두 식물이 두 대륙에 불행을 가져왔다는 사실은 알고 있다. 이 식물들을 재배하기 위해 아프리카 사람들을 이 섬까지 강제로 이주시키고 있다. 우리는 흔히 필요한 일들을 이웃에게 맡기지 말고 직접 해야 더 이득이라고 말한다. 목수, 지붕 설치 기술자, 벽돌공 등 유럽의 노동자들도 강렬하게 내리쬐는 햇볕 아래 일을 한다. 하지만 왜 백인들은 직접 농사짓지 않는가! 왜 아프리카 사람들을 강제로 데려와 농사 일을 시키는가!

커피

바나나

사탕수수

* 식민자란 낯선 땅을 자기 것으로 삼아 돈을 벌고, 원주민들에게 자신의 문화, 종교 그리고 언어를 강요하는 사람을 가리킵니다.

무차별적인 폭력은 수백 년간 계속되었습니다. 그 후 영국 식민지에서는 1834년에, 프랑스 식민지에서는 1848년에 처음으로 노예 제도가 폐지되었습니다. 노예 신분이었던 수천 명의 남자와 여자, 아이 들이 수용소를 떠나 작은 오두막으로 보금자리를 옮겼습니다. 그리고 자신의 힘으로 자유롭게 살기 위해 갖은 노력을 다했지요. 전에 노예였던 사람들이 바로 지금 모리셔스섬에 살고 있는 주민들의 선조인 셈입니다. 이렇게 식민지의 후손이자 이 땅의 주민이 된 이들을 '크리올러'라 합니다.

노예 제도가 폐지된 뒤, 수천 명에 달하는 인도 출신의 노동자들이 부족해진 노동력을 메꾸기 위해 연이어 이 섬에 몰려들었습니다. 하지만 이 사람들도 프랑스와 영국 출신의 식민자들에게 그다지 좋은 대우를 받지 못했지요. 적은 월급을 받으며 가난하게 살아야 했습니다.

모리셔스섬은 지배자가 바뀔 때마다 이름도 여러 차례 바뀌었습니다. 네덜란드, 프랑스 그리고 영국이 이 섬을 식민지로 통치했습니다. 1968년이 되어서야 비로소 독립할 수 있었지요. 오늘날 이 섬은 식민지가 아닌 독립된 나라, 모리셔스 공화국이 되었습니다.

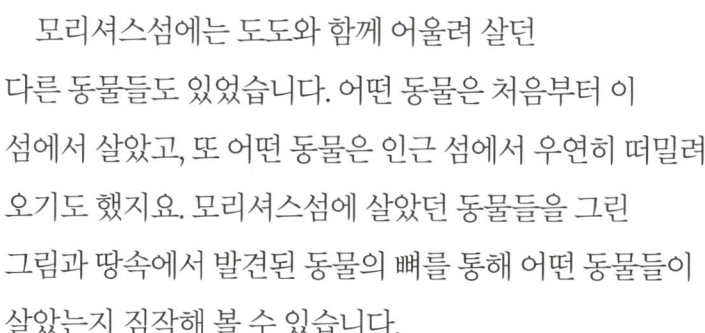

4. 도도의 친구들

모리셔스섬에는 도도와 함께 어울려 살던 다른 동물들도 있었습니다. 어떤 동물은 처음부터 이 섬에서 살았고, 또 어떤 동물은 인근 섬에서 우연히 떠밀려 오기도 했지요. 모리셔스섬에 살았던 동물들을 그린 그림과 땅속에서 발견된 동물의 뼈를 통해 어떤 동물들이 살았는지 짐작해 볼 수 있습니다.

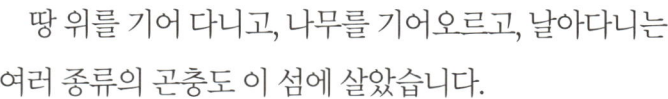

- 대왕거북
- 장지뱀
- 도마뱀
- 도마뱀붙이
- 뱀
- 과일을 먹고 사는 박쥐
- 앵무새
- 다양한 종류의 딱정벌레

땅 위를 기어 다니고, 나무를 기어오르고, 날아다니는 여러 종류의 곤충도 이 섬에 살았습니다.

바닷가에는 당연히 여러 종류의 물고기와 갑각류가 살고 있었지요.

사람들이 침입하여 이 섬을 파괴하기 전까지 모든 동물들은 서로 자연의 균형을 이루면서 잘 지내고 있었습니다. 침입자들은 대왕거북과 도도를 비롯해 다른 동물들도 사냥해 잡아먹었습니다. 또한 사람들은 다른 나라나 대륙에서 사는 동물들을 배에 실어 데려오기도 했습니다. 그중에는 사슴, 돼지, 쥐 그리고 개도 있었습니다. 도도와 친구들은 이런 동물들과 맞설 수가 없었습니다. 결국 모든 것이 변하기 시작했고, 섬에 살던 수많은 동물들이 멸종되고 말았지요.

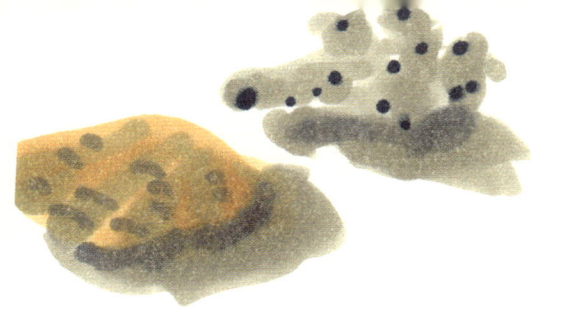

5. 도도의 먹이

옛날부터 모리셔스섬에는 동물들이 좋아할 만한 먹이가 너무나 많았습니다. 인간이 오기 전, 섬의 숲속, 평지, 해변에는 다양하고 풍부한 먹이가 널려 있었지요. 1634년에 영국 출신의 여행가이자 역사가인 토머스 허버트는, 도도가 식탐이 많고 식욕이 왕성해 무엇이든 잘 먹는다고 적었습니다.

만약 배고픈 도도가 한 해 동안 먹고 마신 것들을 목록으로 정리할 수 있다면, 그 목록의 길이는 엄청나게 길어질 거예요…….

도도는 짠 바닷물보다는 하천의 물을 더 좋아했습니다. 아마도 가까운 친척뻘인 비둘기처럼 길고 부드럽게 숨을 들이마시듯 물을 먹었을 거예요. 아니면 대부분의 새들이 물을 마실 때처럼 부리에 물을 모아 놓은 다음 머리를 뒤로 젖혀 삼켰을 수도 있지요.

또한 도도는 모리셔스섬에서 계절이 바뀔 때마다 제철 먹거리를 찾아 먹을 수 있었습니다.

이 섬은 남반구에 있기 때문에, 11월에 여름이 시작되어 4월에 끝이 납니다. 여름이 오면 햇살이 찬란하고 여러 차례 비가 내리지요. 그 덕분에 도도가 무척 좋아했을 게 뻔한 열매가 수없이 많이 맺었고 꽃잎이 풍성하게 자랐습니다. 도도는 열매가 나무에서 떨어질 때까지 기다렸다가 바닥에 떨어진 열매를 부리로 주워 먹었습니다. 야생 무화과, 다양한 종류의 산딸기, 이름 모를 야생 과일과 맛좋은 꽃잎으로 도도의 식탁은 언제나 풍성했지요.

여름이 끝나 갈 무렵이 되면 과일도 점점 적어집니다. 그러면 도도는 단단하고 구부러진 부리로 견과류의 껍데기를 부수고 알맹이를 먹었습니다.

겨울이 시작되면, 건조한 바람이 불고 가벼운 소나기가 내립니다. 이제 도도는 땅바닥에서 기어 다니는 달팽이와 작은 곤충을 먹고, 땅속에 묻힌 뿌리와 맛 좋은 알뿌리를 발톱으로 파내어 먹습니다.

마지막으로, 도도는 일 년 내내 바다가 선물하는 맛있는 음식들을 즐길 수 있었지요. 후식으로는 해안가에서 거북 알과 갑각류를 찾아내 껍데기를 까서 먹었습니다. 떠밀려 오는 산호도 곧잘 먹곤 했지요.

도도에게는 부족한 게 없었습니다. 모리셔스섬이 끊임없이 맛있는 먹이를 충분히 공급해 주었으니까요. 도도는 새끼들과 넉넉하게 먹이를 나눠 먹을 수 있었지요.

6. 도도의 모래주머니

새는 이빨이 없습니다. 그래서 소화시키기 전에 먼저 모래, 잔돌, 심지어는 돌멩이를 집어삼키곤 합니다. 먹이를 으깨고 잘게 부수어 주기 위해서지요. 이렇게 모래나 돌을 이용해 음식물을 으깨는 소화 기관을 '모래주머니'라고 합니다. 닭, 칠면조, 타조 등의 동물은 모두 모래주머니를 가지고 있지요.

도도에게도 모래주머니가 있었던 것 같습니다. 도도는 땅바닥에서 주워 먹은 씨앗과 식물의 뿌리를 소화해 내기 위해 한두 개의 돌을 모래주머니에 넣고 다녔으리라 추정됩니다.

네덜란드 의사이자 식물학자인 샤를 드레클뤼즈(1526~1609년)는 도도의 모래주머니에서 채취한 두 개의 돌을 이렇게 묘사했습니다.

"하나는 평평하고 둥글고, 다른 하나는 울퉁불퉁하고 예리하며 엄지손가락만 하다."

영국의 학자인 해먼 레스트레인지(1605~1660년)는 런던에서 두 눈으로 직접 도도를 관찰했습니다. 그는 도도가 갇혀 있던 방 안에 매우 다양한 돌덩이들이 있었다고 보고했습니다.

"어떤 것은 육두구만 한 크기였다. 관리인의 말에 따르면 도도가 이 돌덩이들을 먹는다고 한다."

정말 괴상한 습관 아닌가요? 하지만 도도의 놀라운 점은 이것뿐만이 아니랍니다!

7. 도도나무

모리셔스섬에는 **칼바리아 나무**(학명: *Sideroxylon grandiflorum*)라는 고유종* 식물이 있습니다. 도도 나무라고도 불리는 이 나무와 그 주변 동물들 사이의 관계는 매우 신기한 자연 현상입니다.

1973년, 섬에는 단 열세 그루의 칼바리아 나무만이 남아 있었습니다. 나무의 나이는 모두 300살이 넘었지요. 약 300년 전에 이미 도도가 멸종했기 때문에, 사람들은 칼바리아 나무 역시 더 이상 번식하지 못하고 도도처럼 조만간 멸종할 것이라고 생각했습니다. 칼바리아 나무 열매는 도도의 먹이 중 하나였지요. 이 열매 안에는 매우 단단한 껍데기로 둘러싸인 씨앗이 들어 있는데, 도도는 이 껍데기를 모래주머니에서 부수었습니다. 도도가 배설한 씨앗은 땅속에서 싹을 틔우고 다시 나무로 성장했습니다. 동물의 몸속에서 식물 씨앗이 발아**를 시작하는 현상은 다른 동물과 식물 사이에서도 일어납니다. 이를 종자 분산이라고 하지요. 예를 들어, 콩고 지역에 사는 보노보는 열매를 많이 먹습니다. 열매의 씨앗들이 보노보의 배설물에 섞여 배출되면 딱정벌레는 씨앗들을 땅에 묻지요. 이 씨앗은 자라나서 다시 열매를 맺는 나무가 됩니다. 아시아코끼리와 망고 씨앗도 이와 비슷한 관계를 맺고 있어요. 모로코의 염소는 아르간 나무의 열매를 먹고 식도로 삼킨 다음 첫 번째 위에서 소화시키고 씨앗을 다시 뱉어 내지요.

그런데 2005년 모리셔스섬의 열대성 우림에서 어린 칼바리아 나무가 발견되었습니다. 어린 나무는 나이가 일흔다섯 살을 넘지 않았고, 아마도 1930년경 싹을 틔운 것으로 추정되었지요. 도도가 1690년경에 멸종되고 한참이 지난 뒤였습니다. 칼바리아 나무가 도도 없이도 번식할 수 있다는 사실이 드러난 것입니다. 이즈음, 미국 칠면조도 도도처럼 칼바리아 나무의 씨앗을 발아시킬 수 있다는 실험 결과가 나왔습니다. 어쩌면 이 섬에서 살던 거북과 박쥐, 앵무새 같은 다른 동물들도 칼바리아 나무 씨앗을 발아시키고 널리 퍼뜨리는 일을 함께 해 왔던 것은 아닐까요? 다행스럽게도 이제 사람들은 칼바리아 나무가 멸종되지 않도록 보호하고 있습니다.

프랑스 소설가 르 클레지오는 소설 《알마》(2017년)에서 이 진기한 나무를 이렇게 묘사했습니다.

> 아디티는 이끼가 덮여 있던 바닥에서 짙은 갈색빛이 도는 씨앗 하나를 발견했다. "이 씨앗은 예전에 도도의 먹이였지. 사람들이 말하길, 딱딱한 씨앗 껍데기를 모래주머니에서 부수어 소화시킬 수 있는 유일한 새, 도도가 멸종했기 때문에 칼바리아 나무가 더 이상 번식하지 못하고 멸종할 거라고 하던데. 그런데 도도가 완전히 멸종한 이 섬에서 어린 칼바리아 나무가 발견된 거야. 결국 이 나무는 도도 없이도 계속 생존할 수 있다는 사실이 증명된 셈이지."

* 고유종이란 다른 곳에서는 살지 않고 어느 한 지역에서만 사는 특정한 동물이나 식물을 뜻합니다.
** 발아는 식물이 성장하는 단계 중 하나로, 씨앗에서 싹이 트는 단계를 말합니다. 이때 환경 조건이 매우 중요한데, 수분과 햇빛 같은 조건이 충족되어야 한답니다.

8. 식물학자 피에르 푸아브르

식물학자는 실험실이나 자연에서 식물을 연구하는 과학자입니다. 식물학자는 식물 종 가운데 하나를 선택하여 어떤 특성이 있는지를 연구하지요. 식물학을 직업으로 삼을 수도 있고, 식물을 사랑하는 마음으로 취미 삼아 식물을 연구할 수도 있습니다.

프랑스 식물학자이자 정원사, 여행가인 피에르 푸아브르는 1719년 리옹에서 직물 장수의 아들로 태어났습니다. 그는 가톨릭 신학교를 다녔고 선교사가 되어, 먼 나라로 여행을 다니면서 선교를 했습니다. 아시아를 여행하는 동안, 타고 있던 배가 영국 군대의 공격을 받았습니다. 그는 포탄에 맞아 한쪽 팔을 잃은 채 갇혀 있다가 바타비아에서 풀려나게 됩니다. 바타비아는 오늘날 인도네시아의 수도, 자카르타입니다. 여기서 그는 당시 매우 비싼 상품이었던 향신료에 푹 빠져들었습니다. 특히 육두구와 정향은 16세기까지만 해도 유럽에서 희귀했던 향신료로, 사람들의 많은 관심을 받고 있었지요.

모험과 낯선 나라에 관심이 많았던 피에르 푸아브르는 프랑스 동인도 회사*에서 일하면서 향료 작물을 심기 시작했습니다. 식물학자라는 직업은 자신의 이름과도 잘 어울렸습니다. '푸아브르'는 당시 비싼 상품이었던 후추를 가리키는 말이었거든요.

시간이 흘러, 피에르 푸아브르는 동인도 회사의 감독관이 되었습니다. 마스카렌 제도 가운데 모리셔스섬과 레위니옹섬을 관리했지요. 여기에서 그는 커다란 농장을 짓고 원주민들에게 육두구, 정향, 계피, 팔각, 후추 등의 향신료를 경작하도록 했습니다. 또 여주, 아보카도, 망고, 망고스틴, 카카오 등 다른 나라에서 자라는 과일나무나 식물을 모리셔스섬과 레위니옹섬으로 옮겨 재배하게 했지요.

피에르 푸아브르는 모리셔스섬에 남반구 최초의 식물원인 팜플무스 식물원을 세우기도 했습니다. 전 세계 각지에서 나무와 향료 작물을 들여와 이 식물원에 심었습니다. 앤틸리스 제도의 피망, 중국의 녹나무, 폴리네시아의 빵나무 등이었지요. 이 식물원은 오늘날에도 많은 관광객들이 찾는 명소입니다. 수련, 수초, 약초와 같은 각종 식물뿐만 아니라 파충류, 조류, 포유동물도 볼 수 있습니다.

피에르 푸아브르는 노예를 학대하는 일을 비난했습니다. 노예들의 생활을 개선하려 노력했고 당시 사람들에게 노예 제도는 경제적으로 의미가 없다고 주장했지요. 노인이 된 피에르 푸아브르는 프랑스로 돌아갔고, 1786년에 세상을 떠났습니다. 그로부터 60년이나 더 지난 후에야, 프랑스 식민지에서 노예 제도가 폐지되었습니다.

---

* 프랑스 동인도 회사는 왕의 명령으로 프랑스와 아시아 사이를 항해하고 탐험한 뒤 원주민들의 땅을 강제로 정복했던 배의 선원들과 상인들로 이루어진 회사였습니다. 1600~1874년 사이 영국, 네덜란드, 프랑스는 이와 같은 회사를 운영하면서 모든 수단을 동원해 부를 쌓았습니다.

9. 도도의 울음소리는 정말 "도도~"일까?

우리는 도도의 울음소리가 어땠는지 알 수 없습니다. 300년 전에 이미 도도의 울음소리는 사라져 버렸기 때문이지요. 거위의 울음소리와 비슷했을까요? 아니면 "구구구" 하는 비둘기의 울음소리처럼 부드러웠을까요?

유명한 조류학자 하치스카 마사우지는 도도의 울음소리가 비둘기와 비슷했을 것이라고 생각했습니다.

짧은부리비둘기가 "쿠쿠" 하고 우는 것처럼 거의 모든 비둘기가 "우우" 소리를 내며 운다. 이는 올빼미와 뻐꾸기도 마찬가지다. 그래서 도도의 울음소리도 이와 닮았을 것으로 추정되는데, 아마도 "두두" 소리를 냈을 것 같다.

도도는 정말로 "쿠쿠" "두두" 또는 "루루" 소리를 내며 울었을까요?

그렇다면 언제부터 이 울음소리가 도도의 이름이 되었을까요? 어떤 전문가들은 도도의 이름이 울음소리에서 왔다고 주장하기도 합니다. "두두"라는 소리가 "도도"로 변한 것이라고요.

다른 전문가들은 도도의 이름이 외모 때문이라고 생각합니다. "뚱뚱한 엉덩이"라는 뜻의 네덜란드어 "도다아르슨"(Dodaersen)에서 비롯되었다는 것이죠. 또 도도의 어원이 "멍청이"를 뜻하는 포르투갈어 "두에도"(duedo), "두우도"(doudo), "도이도"(doido)가 아닐까 생각하는 사람들도 있습니다. 왜냐하면 도도는 너무나 순진해서 쉽게 사람들에게 잡혔기 때문입니다.

"도도"라는 이름은 영국 학자 토머스 허버트 경이 1634년에 쓴 여행기에 처음으로 등장했습니다.

도도라는 이름이 그다지 매력적인 이유로 붙은 것이 아니라 할지라도, 이 새가 유명해진 데에 단순하고 부르기 쉬운 이름이 큰 기여를 한 것은 사실입니다.

10. 조류학자 게랄트 마이어

조류학자는 새를 관찰하고 연구하는 과학자입니다. 새의 생활 방식과 행동에 관한 자료를 수집하고, 새의 종류를 확인하고, 동족 관계를 살펴보고, 종류별로 새들을 분류하고 서로 비교합니다. 이뿐만 아니라 조류학자는 어떤 새가 멸종 위기에 처했는지, 또는 멸종 위협을 받고 있는지 알려 주고, 새가 살고 있는 자연환경뿐만 아니라 배설물까지도 꼼꼼히 조사합니다. 취미로 새를 관찰하는 아마추어 조류 연구가도 있고, 조류 연구를 직업으로 삼아 연구소나 박물관에서 일하는 학자도 있습니다. 조류학을 연구하는 데에 나이는 중요하지 않습니다. 새에 대한 관심과 사랑이 있는지가 가장 중요하지요.

조류학자인 게랄트 마이어는 1997년부터 프랑크푸르트의 자연사 박물관 젠켄베르크 연구소에서 근무하고 있습니다. 조류학은 무엇이고 조류학자는 어떤 사람인지 게랄트 마이어와 함께 이야기를 나눠 볼까요?

게랄트 마이어 박사님, 조류학이 어떤 학문인지 설명해 주시겠어요? 또 박사님은 구체적으로 무엇을 연구하고 계신가요?

일반적으로 조류학자란 '새 전문가'로, 새를 연구하는 과학자입니다. 그래서 조류학자가 연구하는 생명체와 연구 분야도 그만큼 다양합니다. 어떤 조류학자는 현재 살아 있는 각종 새들이 어느 지역에서, 어떤 방식으로 살고 있는지를 연구합니다. 이에 반해 저를 포함한 다른 조류학자들은 새의 역사를 연구합니다. 특히 저는 수백만 년 전에 어떤 새들이 살았는지, 새의 화석이 우리에게 무엇을 말해 줄 수 있는지에 대해 관심이 많습니다. 무엇보다 현재 살아 있는 새들의 기원에 대해 집중적으로 연구하고 있습니다.

도도는 특별한 새인가요?

많은 사람들에게 도도와 비둘기는 서로 닮기는커녕 아예 다른 종류의 새처럼 보일 것입니다. 도도는 날지도 못하고, 비둘기보다 훨씬 크고, 외모도 우리가 알고 있는 '일반적인 비둘기'와 엄연히 다르게 보이니까 말입니다. 하지만 도도는 분명 비둘기와 가까운 친척입니다. 말하자면 굉장히 별난 친척이죠. 흔히 도도를 우스꽝스러운 새라고 생각하는데요, 그 이유들 중 하나가 몸 전체가 솜털 같은 하얀 깃털로 둘러싸여 있으면서도 전혀 날지 못한다는 점입니다.

도도의 조상은 날 수 있었을까요?

도도는 대륙과 단절된 인도양 한가운데 섬에서 살았습니다. 도도의 조상은 분명히 이 섬으로 날아왔을 것입니다. 그런데 이 섬에는 천적이 없었기 때문에 도도의 조상은 세월이 흐르면서 비행 능력을 점차 잃어버렸던 것 같습니다. 비슷한 일이 다른 섬에 사는 여러 새들에게서도 발견됩니다. 이에 반해 수많은 맹수가 살고 있는 대륙에서는 날지 못하는 새는 살 수가 없습니다. 땅 위에서 매우 빨리 달리고 적수에게 대항할 힘도 갖고 있는 아프리카타조는 매우 드문 사례라고 할 수 있어요.

도도의 모래주머니에는 왜 돌이 들어 있을까요? 다른 새들도 모래주머니에 돌이 들어 있나요?

새들은 인간과는 다르게 음식물을 으깰 수 있는 이빨이 없습니다. 그래서 많은 새들은 먹이를 잘게 부수기 위해 인간의 위보다 강력한 모래주머니를 갖고 있습니다. 강한 근육으로 이루어져 있는 모래주머니 안에서 먹이를 으깨어 소화시킵니다. 그럴 때 필요한 것이 바로 돌이죠. 그래서 열매나 씨앗을 먹는 새들은 종종 작은 돌을 집어삼켜 모래주머니 안에 넣어 둡니다. 도도 역시 먹이를 돌멩이가 들어 있는 모래주머니 안에서 으깨어 소화시켰을 것입니다. 도도의 뼈와 함께 종종 작은 돌멩이들이 발견되고 있거든요.

도도는 얼마나 자주 알을 낳았을까요? 암컷과 수컷 가운데 누가 알을 품고 새끼를 돌보았을까요?

안타깝게도 우리는 도도에 관해 아는 바가 그리 많지 않습니다. 도도를 직접 본 사람들도 많지 않고, 또 직접 본 이들은 도도의 생활 방식을 탐구하기보다는 도도를 잡아먹는 데에만 관심이 많았습니다. 그래서 도도의 맛이 어떠했는지에 대한 기록만 남아 있을 뿐이에요. 그리 썩 맛있지는 않았다고 해요. 도도의 삶에 대해서는 몇 가지 기록만 남겨져 있을 뿐입니다. 이 새가 알을 어떻게 낳았는지는 알려진 바가 없어요. 더욱 놀라운 것은 도도가 낳은 알에 대해서도 아는 사람이 없다는 것입니다.

현재 보존되어 있는 도도의 DNA로 멸종한 도도를 다시 부활시키는 일이 가능할까요? 또 이미 멸종한 동물들을 되살리는 일이 정말로 의미 있는 일일까요?

제 생각엔, 멸종한 도도를 부활시키는 일은 불가능합니다. 생존 능력을 가진 동물을 창조하기 위해서는 DNA 안에 들어 있는 유전자 정보보다 더 많은 것들이 필요하거든요. 무엇보다 동물의 번식에 대한 폭넓고 정확한 지식이 필요하고요. 유전자가 변형된 난세포를 품을 수 있는 적합한 '대리모'도 매우 중요합니다. 그런데 도도의 경우, 실험이 실패할 확률이 높습니다. 도도처럼 크기가 크고 대리모 역할을 할 만한 비둘기종이 이미 존재하지 않기 때문입니다. 도도의 알 역시 평범한 비둘기알보다 훨씬 더 클 것으로 생각됩니다. 또 다른 문제도 있습니다. 새끼들은 부모로부터 중요한 행동 방식을 습득해야만 합니다. 하지만 멸종된 동물의 경우에는 새끼에게 이런 교육을 시켜 줄 부모가 없습니다. 또한 동물원을 제외하면 도도가 살아갈 수 있는 서식지도 존재하지 않고요. 거의 모든 세계가 빠른 속도로 변화하고 있는 것처럼, 모리셔스섬도 이제는 사람들이 들여놓은 맹수들로 들끓고 있으니까요.

그럼 조류를 보호하고 멸종을 막기 위해 우리는 어떻게 해야 할까요?

개인이 특정 종류의 새를 멸종하지 않도록 보호하는 일은 무척이나 어렵습니다. 하지만 작은 일부터 실천해 보면 어떨까요? 물건을 살 때 가능한 한 친환경 생산 공정을 거친 제품을 구입한다면 새들을 보호하는 데 도움이 됩니다. 대부분의 새들에게 가장 큰 위협은 바로 서식지가 사라지는 일입니다. 독일을 예로 들자면, 들판에서 흔히 볼 수 있는 새들 가운데 특히 유럽자고새와 댕기물떼새의 서식지가 파괴되고 있습니다. 대규모 농장에서 많이 쓰이는 화학 비료나 살충제가 새들의 생존을 위협하고 있어요.

박사님은 산책길에 새가 지저귀는 소리를 들으면 무슨 새인지 맞힐 수 있나요?

저는 이미 오래전에 멸종한 새들을 연구하고 있기 때문에 지저귀는 새소리만 듣고 어떤 새인지를 잘 구분해 내지는 못합니다. 물론 보통 사람들보다는 제가 새소리를 잘 구분할 수 있겠죠. 하지만 살아 있는 새들을 연구하는 야생 조류학자들에 비하면 어림도 없답니다. 대신 저는 뼛조각들을 보고 어떤 종류의 새인지 맞힐 수는 있습니다. 물론 이 재주는 산책길에 그리 쓸모도 없고, 그렇다고 기쁨을 주지도 않지만 말이죠.

박사님은 어떤 새를 가장 좋아하세요?

멸종된 새 가운데 제가 무척이나 매력을 느낀 새들이 있습니다. 이 새들 중 몇몇은 큰 주목을 받기도 했지만, 그래도 이 새들에 대해 아는 사람은 별로 없습니다. '펠라고르니스'라고 불리는 새들이 있었는데, 날개폭은 6미터 정도이고, 부리에는 이빨처럼 보이지만 이빨은 아닌 들쭉날쭉한 턱뼈가 자잘하게 돌출되어 있지요. 프랑크푸르트에 있는 제 연구실에서 그리 멀지 않은 곳에는 유명한 메셀 화석 유적지가 있습니다. 이곳에서 날지 못하는 거대한 새의 화석이 발견되었습니다. '가스토르니스'로 알려진 이 새는 크기가 거의 2미터나 되었습니다. 게다가 부리는 도도보다 더 커다랬지요.

꿈속에서도 새를 만난 적이 있나요?

"그럼요!" 하고 대답한 다음, 어떤 꿈을 꾸었는지 이야기도 들려주고 싶지만 그럴 수가 없어 무척이나 아쉽네요. 지금까지 도도를 비롯한 그 어떤 새들도 꿈속에서 저를 찾아오지 않았거든요. 이미 멸종해 버린, 제가 연구하고 있는 수많은 독특한 새들을 꿈에서도 만날 수 없어 무척 안타깝습니다.

22쪽에 등장한 하치스카 마사우지는 1903년에 태어난 일본 조류학자입니다. 1928, 1929년에 필리핀에서 가장 높은 산봉우리인 민다나오섬의 아포산을 탐사하는 탐험대를 이끌었습니다. 그리고 이 산속 천연 자연환경에서 살고 있는 새들을 가능하면 방해하지 않고 야생에서의 삶을 최대한 존중하면서 연구했습니다. 이후에는 마스카렌 제도에서 멸종한 도도와 다른 새들을 탐구했고, 이에 관한 책을 출간했습니다.

11. 도도의 짝짓기와 새끼 기르기

도도의 행동 방식에 관해 확실한 정보가 거의 없다는 것을 우리는 이미 알고 있습니다. 그런데 시간이 흐르면서 도도가 어떻게 짝을 만났고, 어떻게 알을 낳아 부화시켰는지, 어떻게 먹이를 찾아다녔는지 조금씩 추측할 수 있게 되었습니다. 도도는 암컷과 수컷의 크기가 서로 엇비슷했을 것으로 보입니다. 암컷과 수컷은 서로가 서로를 선택한 다음 구애하는 과정을 거쳐, 한평생 부부로 지냈을 것입니다. 암컷은 아마도 일 년에 단 한 번, 야자나무 잎사귀로 만든 둥지에 알을 낳았겠지요. 무방비 상태로 땅바닥에 만들어 놓은 둥지에서 7주 정도 지나면 알이 부화해 새끼 도도새가 껍데기 밖으로 나왔을 것입니다. 그때까지 암컷 도도와 수컷 도도는 하나뿐인 귀하디귀한 알을 서로 교대하면서 각별하게 품었을 테고요.

부모가 된 도도는 모리셔스섬의 조용하고 안전한 곳에서 아홉 달 동안 새끼들을 돌보았을 것입니다. 이 시기 동안 어린 새끼는 계속해서 자라 더 이상 부모의 도움이 필요 없는 어른으로 성장했겠지요? 어른이 된 도도는 독립하여 홀로 먹이를 찾아다녔고, 곧이어 자신의 짝을 찾아 한 쌍의 부부가 되었을 것입니다.

12. 도도알의 비밀

남아프리카의 이스트런던 박물관에는 사람들이 도도의 알이라고 주장하는 알이 있습니다. 이 알은 밀폐된 금고 안에 안전하게 잘 보관되어 있답니다.

관람객에게 보여 주기 위해 박물관에 전시되어 있는 알은 석고로 만든 복제품이지요. 금고 안에 있는 진짜 알은 이 박물관의 첫 번째 관장이었던 마저리 코트니래티머가 기증한 것입니다. 마저리 코트니래티머는 아흔여덟 살 고모할머니 라비니아에게서 이 알을 받았는데, 라비니아는 어렸을 때 한 선장에게서 이 알을 선물로 받았다고 해요. 선장은 이 알을 모리셔스섬의 나이 든 원주민에게 받았다고 했고요. 원주민은 이 알을 가보로 간직하고 있다가 선장에게 진 신세를 갚기 위해 이 알을 선물했다고 해요. 전설에서나 나올 법한 동화 같은 이야기죠?

그 이후 이 알은 여러 번 조사를 받았습니다. 어떤 이들은 이 알을 타조알이라고 했지만, 또 어떤 이들은 마다가스카르섬에서 멸종한 코끼리새의 알이라고 주장하기도 했어요. 여전히 도도의 알이라고 주장하는 사람들도 있었고요.

이 알의 비밀은 지금까지도 풀리지 않았답니다.

13. 마저리 코트니래티머와 실러캔스

마저리 코트니래티머는 1907년 남아프리카의 이스트런던에서 태어났습니다. 어릴 때부터 자연을 사랑했고 새에 푹 빠져 살았지요. 마저리는 대학을 다니지는 않았지만, 어류학자이자 조류학자, 생물학자, 자연과학자가 되었습니다. 그리고 아프리카의 자연사, 문화, 역사 박물관의 첫 번째 관장이 되었지요. 2004년 마저리가 세상을 떠나자, 영국 신문 텔레그래프지는 다음과 같은 기사를 실었습니다.

마저리 코트니래티머의 관심은 온통 새에 가 있었다. 어린 시절 내내 새의 둥지를 관찰하고, 깃털과 알을 수집하고, 새의 행동을 공부하면서 시간을 보냈다.

1931년 마저리는 스물네 살의 나이에 이스트런던 박물관의 관장이 되었습니다. 당시 이 박물관은 여러 새의 박제품을 소장하고 있었습니다. 다리가 여섯 개인 아기 돼지가 유리 상자 안에 보존되어 있었고, 몇 장의 사진과 동판화*도 전시되어 있었습니다.

마저리는 박물관에 의미심장한 물건들을 기증했습니다. 이런 기증품들은 마저리의 가족이 간직하고 있던 것이었습니다. 그 가운데 고모할머니 라비니아에게 받은 알도 있었는데, 도도의 알이라고 알려져 있지요. 마저리는 들판에서 흔히 볼 수 있는 꽃, 나비, 나방, 곤충 등을 수집했고, 쉬는 날에도 여러 곳을 찾아다니며 민속학 자료를 모아 박물관의 규모를 점점 확장했습니다. 박물관 확장은 마저리의 숙원 사업이었습니다.

1936년부터 마저리 코트니래티머는 해면동물, 해초, 조개류와 새의 알을 수집해 대규모의 전시실을 꾸몄습니다. 종종 바닷가에도 나갔습니다. 친구인 선장 헨드릭 구슨을 만나기 위해서였지요. 선장은 예전부터 그물에 진기한 물고기가 걸리면 박물관에 보내 주기로 마저리와 약속했었거든요.

* 동판화란 구리로 만든 판에 그림을 새기고, 잉크를 바르고, 그 위에 종이를 찍어 완성한 그림을 말해요.

1938년 12월 22일, 마저리는 선장으로부터 연락을 받았습니다. 한 번도 본 적이 없는 물고기가 그물에 걸렸다는 소식이었지요. 이렇게 마저리 코트니래티머는 실러캔스 물고기를 발견했습니다. 실러캔스는 7000만 년 전에 멸종했다고 알려진 물고기였지요!

겉면에 묻어 있는 지저분한 것들을 깨끗이 떼어 내자 가장 아름다운 물고기의 본모습이 드러났다. …… 물고기의 길이는 1.5미터 정도였다. 몸통은 희미한 하늘색과 연한 보라색 바탕에 하얀색 반점이 있었고 청록색 빛깔의 광택이 은빛으로 빛나고 있었다. 물고기는 단단한 비늘로 덮여 있었다. 몸통에는 가느다란 지느러미가 네 개 붙어 있었고, 꼬리지느러미는 대단히 독특한 모양이었다.

이때 발견된 실러캔스의 학명은 **라티메리아 찰룸나이**(Latimeria chalumnae)입니다. 마저리 코트니래티머의 발견을 기리고, 이 물고기가 잡힌 찰룸나강을 기념하기 위해 지어진 이름이지요. 14년 후, 두 번째로 실러캔스 물고기가 살아 있는 채 잡혔습니다. 그때부터 남아프리카 해안가를 따라 잡힌 실러캔스는 200마리나 됩니다. 이를 계기로 실러캔스가 사는 자연환경에 대한 연구가 시작되었습니다. 더불어 도도처럼 멸종되지 않도록, 실러캔스를 보호하는 일이 시작되었지요.

14. 펭귄, 비둘기 그리고 따오기

도도를 발견한 이후, 사람들은 도도를 수많은 다른 새들과 비교해 보았습니다. 날개는 있지만 날 수는 없었기 때문에 당시 사람들은 도도가 펭귄과에 속할 거라고 생각해 버렸습니다. 또 어떤 사람들은 도도가 타조와 비슷하다고 생각했지요. 도도는 타조처럼 튼튼한 다리를 타고났거든요. 또 다른 사람들은 집에서 기르는 닭이 도도의 친척일 거라고 단정했습니다. 혹시 도도는 독수리와 친척 아닐까요? 아무도 알 수 없는 노릇이죠!

1841년, 덴마크 동물학자 요하네스 테오도르 라인하르트는 마침내 도도가 **비둘기과** (학명: Columbidae)에 속한다는 사실을 밝혀냈습니다. 분명 펭귄과는 아니었지요! 또한 도도와 가장 가깝고 현재도 살아 있는 친척을 알아냈는데, 바로 **니코바르비둘기**(학명: Caloenas nicobarica)였지요. 이 비둘기는 니코바르 제도, 필리핀과 뉴기니에 사는데, 최대 100마리까지 떼를 지어 이 섬, 저 섬으로 떠돌아다닌답니다. 도도 역시 비행 능력을 잃어버리기 전에는 이처럼 모리셔스섬으로 날아들었을 테지요. 그런 다음 다른 곳으로 이동하지 않고 섬에 정착했을 것입니다. 새로운 섬에서 도도는 원하는 것을 모두 구할 수 있었고, 두려워할 천적도 없었기 때문입니다.

원래 도도의 가장 가까운 친척은 **로드리게스솔리테어**(학명: Pezophaps solitaria)였습니다. 물론 이 새도 멸종하고 말았지요. 비둘기과에서 도도와 솔리테어는 모두 **도도아과**에 속합니다. 모리셔스섬에서 살았던 도도처럼 로드리게스솔리테어 역시 마스카렌 제도의 주요 세 개의 섬 가운데 가장 작은 로드리게스섬에서만 살았습니다. 로드리게스섬에는 몽리몽이라는 산이 있습니다. 산골짜기가 여러 갈래로 뻗어 있는 이 산은 울창한 숲으로 덮여 있었는데, 산불이 크게 나는 바람에 황폐해지고 말았지요. 이 산불 때문에 로드리게스솔리테어의 서식지도 사라졌고요. 게다가 사람들이 로드리게스솔리테어를 사냥해 잡아먹게 되자 이 새는 결국 멸종하고 말았습니다.

레위니옹따오기는 레위니옹에서 살았던 새로 도도와는 이웃사촌이었습니다. 레위니옹따오기도 비슷한 일을 겪었고, 결국 같은 운명을 맞게 되었지요.

레위니옹따오기(학명: Threskiornis solitarius)는 모리셔스섬의 도도처럼 레위니옹섬의 고유종 생물이었습니다. 도도와 마찬가지로 1700년경 멸종했지요. 이 새는 여러 이름으로 불렸는데, 칠면조, 백조, 닭, 타조 심지어는 도도라고도 불렸습니다. 레위니옹따오기를 가리키는 여러 이름 때문에 유럽의 조류학자들은 이 새가 도도와 비슷한 새, 혹은 같은 새일 거라고 생각했습니다. 하지만 레위니옹따오기의 뼈가 발견되어 연구한 결과 도도와는 별로 비슷하지 않은 새라는 사실이 밝혀졌지요. 오히려 오늘날까지 아프리카 일대에 서식하고 있는 **아프리카흑따오기**(학명: Threskiornis aethiopicus)와 더 닮은 새였습니다. 레위니옹따오기와 아프리카흑따오기는 둘 다 부리가 길고 가느다랗습니다. 16세기 말경 마지막 레위니옹따오기가 당시 아무도 살지 않았던 산으로 도망쳤고, 곧이어 이 새도 멸종하고 말았습니다.

레위니옹섬에는 따오기와 함께 흰색 도도가 살았다는 소문이 오랫동안 전해져 왔습니다. 사람들은 흰색 도도를 박물관에 전시된 그림이나 조형물을 통해 알게 되었지요. 심지어 흰색 도도의 이름을 딴 맥주도 있답니다……. 옛날 기록과 그림을 통해, 사람들은 흰색 도도가 정말로 레위니옹섬에서 살았을 것이라고 생각해 왔습니다. 하지만 사실 흰색 도도는 레위니옹섬에 살지 않았습니다. 아무리 탐사를 해 봐도 이 섬에서 도도의 뼈가 발견되지 않았거든요. 안타깝게도 이미 멸종한 다른 새를 흰색 도도로 착각한 것이 아닐까요?

15. 디노사우르와 공룡

리처드 오언은 1804년 영국 잉글랜드 랭커스터에서 태어나 1892년 런던에서 세상을 떠났습니다. 오언은 열여섯 살 때 랭커스터 교도소의 시체 보관소에서 견습생으로 일을 했습니다. 부검을 돕는 일이었지요. 부검이란 사람이 죽은 원인을 알아내기 위해 시체를 조사하는 일을 뜻합니다. 이 일을 하면서 오언은 인간의 몸과 해부학에 대한 지식을 얻을 수 있었습니다. 후에 오언은 의학을 공부하여 외과 의사가 되었지만, 동물에도 관심이 많았기 때문에 동물학자, 고생물학자로서 경력을 쌓아 나갔습니다. 고생물학자는 먼 과거에 살았던 동물에 관해 더 많은 것을 알아내기 위해 화석*을 연구해야 하지요. 오언은 몇 년에 걸쳐 영국에서 발굴된 파충류 유골을 조사하고 분류한 다음, 1841년에 공룡을 뜻하는 "디노사우르"(Dinosaurier)라는 말을 만들어 발표하게 됩니다(그리스어로 디노(deinós)는 '섬뜩한' 또는 '엄청난'이라는 뜻이고, 사우르(saũros)는 '도마뱀'이라는 뜻입니다).

오언이 많은 연구 업적을 쌓을 수 있었던 것은 존 헌터의 소장품 덕분입니다. 존 헌터는 영국 출신의 의사이자 해부학자로, 생을 마감할 때 많은 소장품을 남겼습니다. 오언은 나중에 영국 박물관의 자연사 분야를 이끌었고 1881년에는 세계적으로 유명한 런던 자연사 박물관의 첫 번째 관장이 되었습니다. 이 박물관에 가면 19세기 말에 멸종한 새인 모아의 대형 표본과, 살아 있을 때와 매우 비슷한 모아 모형을 만날 수 있습니다. 이구아나의 이빨도 구경할 수 있지요. 오언은 찰스 다윈과 메리 애닝 등 유명한 학자들과도 함께 연구를 했습니다.

리처드 오언은 공룡 외에도 멸종한 새들 중 비행 능력이 없었던 새들에 관심이 많았습니다. 한때 뉴질랜드에 아홉 종이나 살았던 모아, 멸종했다고 알려졌지만 1948년 다시 발견된 커다란 새 타카헤, 19세기에 멸종된 펭귄과 닮은 큰바다쇠오리, 그리고 모리셔스섬에 살았던 우리의 도도에게도 관심을 기울였지요.

오언이 쓴 책 《도도를 기리며》(1866년)에는 다음과 같은 글귀가 있습니다.

도도와 같은 동물종이 모리셔스섬을 서식지로 삼고 계속해서 살아갈 수 있었던 이유는 날지 못하는 커다란 새를 잡아먹는 천적이 없었기 때문이다. 하지만 섬에 천적이 들어오자, 도망갈 수단을 잃어버린 동물종에게는 저승사자가 찾아온 것이나 다름없었다.

* 화석은 딱딱하게 굳어 버린 오래된 동물의 뼈나 식물의 흔적입니다. 화석은 종종 그 동물 또는 식물이 과거 어느 시기에 존재했었는지를 밝히는 유일한 증거가 되기도 하지요.

16. 생물 분류학자 칼 폰 린네

생물 분류학자는 생물 종류의 체계를 세우는 일을 하는 사람입니다. 그래서 이 과학자는 동식물과 그 밖의 다양한 생명체에 대해 설명하고, 종류에 따라 분류하고, 학명을 짓는 일을 합니다. 또한 생물들 간의 공통점과 차이점을 따져 보면서 생물들을 각 단위별로 묶어 주는 일을 합니다. 단위의 이름은 각각 '계' '문' '강' '목' '과' '속' '종'이라고 하는데, 가장 위에 있는 제일 큰 단위인 '계'에는 모든 생물이 포함되어 있습니다. 여기서 점점 더 작은 단위로 내려갈수록, '종'에 가까워질수록 단위 안에 포함된 생물들 간의 관계는 더욱더 가까워집니다.

생물 분류학자는 실험실에서 각 생물에 이름표를 붙이기도 하지만, 생명체들이 숨 쉬는 야생 들판에서도 연구를 계속합니다. 이곳에서 새로운 동식물을 발견하기도 하지요. 오늘날에는 거의 190만여 종의 생명체가 과학계에서 연구되고 있습니다. 하지만 실제로는 약 870만여 종의 동식물과 균류가 이 세상에 존재하는 것으로 추정되고 있지요. 지구에는 우리가 알지 못하는 생물들이, 우리가 셀 수 없을 정도로 많은 생물들이 성장하고, 기어 다니고, 헤엄치고, 날아다니고 있어요. 그 가운데 우리가 발견하기도 전에 이미 멸종해 버린 생물도 있지요.

새로운 생물이 발견되면 생물 분류학자는 이 생물이 어떤 환경에서 살고 무엇을 먹고 어떻게 하면 보호를 받을 수 있는지 따져 보고 생물 체계 안에 포함시킵니다. 그럼 우리는 이 생물에 대해 배우게 되지요. 그러고 보면 생물 분류학자는 생명체를 보호하는 데 어느 누구보다 앞장서고 있는 셈이에요. 생물 분류학자는 오래전부터 있었습니다. 예를 들면 고대에는 그리스의 철학자인 아리스토텔레스와 식물학의 창시자 테오프라스토스가 여러 종류의 동식물을 연구했습니다. 생물 분류학자 가운데 가장 유명한 사람은 바로 칼 폰 린네입니다. 카롤루스 린나이우스라고도 불리는 현대 생물 분류학의 창시자이지요. 칼 폰 린네는 1707년 스웨덴 남부에서 태어났습니다. 다섯 살 때부터 희귀한 식물로 가득한 자기만의 정원을 갖고 있었기 때문에, 친구들은 린네를 "작은 식물학자"라고 불렀다고 해요. 당시에는 의학과 식물학이 밀접하게 관련되어 있었어요. 그 시대의 많은 약들이 식물에서 추출된 성분으로 만들어졌거든요. 그래서 린네는 의학과 식물학을 함께 공부하게 됩니다. 1732년에는 스웨덴의 라플란드로 흥미진진한 여행을 떠났다가, 경탄할 만한 미지의 식물 세계를 발견합니다. 린네는 이후 집으로 돌아와, 자신의 마음을 빼앗은 라플란드의 자연에 관한 책을 썼습니다. 이후 린네는 의학 교수가 되었습니다.

* 어떤 생물들의 겉모습이 매우 비슷하고, 이 생물들의 암컷과 수컷이 함께 새끼를 낳을 수 있으며, 계속해서 짝짓기와 번식이 가능하다면 같은 '종'에 속합니다. 하지만 도도와 로드리게스솔리테어처럼 같은 '과'에 속하는 생물이라 하더라도, 둘 사이에서 새끼가 태어날 수 없다면 이들은 같은 '종'에 속하지는 않습니다.

1735년에 칼 폰 린네는 생물의 분류 방법을 소개한 책 《자연 체계》를 출간했습니다. 이 책에서 린네는 동식물을 각 특성에 따라 계, 강, 목, 속, 종으로 구분했습니다. 오늘날보다는 단순한 방식이었지요. 생물을 가장 일반적인 특징에서 시작해 구체적인 특징으로 좁혀 가면서 체계적으로 분류했습니다. 린네는 동식물의 이름을 라틴어로 표기했습니다. 전 세계의 과학자들이 각자의 모국어가 아닌 당시에도 여전히 국제 언어로 통용되고 있던 라틴어를 학명으로 사용한다면 학계에서 논의되는 동물이 무엇인지를 헷갈리지 않고 바로 알 수 있다고 생각했기 때문입니다. 예를 들어 도도의 라틴어 이름, 즉 학명은 라푸스 쿠쿨라투스(Raphus cucullatus)입니다. 첫 번째 이름 라푸스(Raphus)는 '도도속'을 가리킵니다. 도도속은 도도아과(Raphinae)에 속해 있는데, 이 도도아과에 포함된 생물로는 도도와 이미 도도처럼 멸종한 로드리게스솔리테어가 있습니다. 또한 도도아과는 비둘기과(Columbidae)에 속해 있습니다. 두 번째 이름 쿠쿨라투스(cucullatus)는 "두건을 둘러쓴"이라는 의미입니다. 머리 뒤쪽만 깃털로 덮여 있는 도도의 머리 모양 때문에 붙은 이름인데, 도도속에 속하는 생물 종의 겉모습을 알려 줍니다. 하나의 속 안에는 많은 생물들이 있는 경우가 대부분이지만, 도도속에 속하는 생물은 도도 하나뿐이지요.

　아래 그림은 도도와 로드리게스솔리테어가 생물 분류 체계 가운데 어디에 속해 있는지, 또 우리 인간은 어느 위치에 있으며 어떤 동물과 생물학적으로 가까운 연관성이 있는지를 잘 보여 줍니다.

　자연 과학자들은 린네처럼 대양과 대륙을 탐험하면서 자연의 기적을 발견했고, 나중에는 린네가 만들어 놓은 동식물의 분류 체계를 더욱 완벽하게 만들어 나갔습니다.

　린네가 가장 좋아하던 꽃은 작고 보랏빛이 도는 린네풀이었습니다. 린네는 이 꽃에 린나에아 보레알리스(Linnaea borealis)라는 학명을 붙였지요. 라플란드 또는 캐나다의 숲속에서 발견되는 이 꽃은, 이끼가 많은 침엽수림에서만 자라기 때문에 매우 희귀하답니다.

17. 꿈의 늪에 숨겨진 비밀

모리셔스섬에는 '마레 오 송스'라고 불리는 곳이 있습니다. 늪과 연못으로 둘러싸인 습한 지역으로, 이곳에서 도도의 뼈가 많이 발견되었지요. 마레 오 송스라는 이름은 모리셔스섬에 흘러 들어온 토란에서 유래했습니다. 프랑스 사람들은 토란을 '송스'라고 불렀거든요. 이 외에도 '송스'에는 꿈이라는 뜻이 있습니다. 그래서 '마레 오 송스'는 '꿈의 늪'이라는 뜻으로 해석될 수도 있어요. 혹시 자신의 꿈에 대해 깊이 생각해 볼 수 있는 장소라서 이런 이름이 붙은 건 아닐까요?

뉴질랜드 출신의 토목 기사 해리 히긴슨은 1865년 철도를 건설하는 동안 이곳에서 도도의 뼈를 처음으로 발견했습니다. 히긴슨은 즉시 모리셔스섬의 학교 교사이자 도도에 관해 대단한 관심을 갖고 있던 조지 클라크에게 이 사실을 알렸지요. 클라크는 탐사 팀을 꾸려 꿈의 늪으로 갔습니다. 그리고 도도의 뼈를 비롯해 대왕거북, 장지뱀, 큰박쥐 그리고 모리셔스섬에서 멸종한 수많은 다른 동물들의 뼈를 많이 발견했습니다.

오늘날 마레 오 송스는 다시 자연을 회복했고, 사람들이 자유롭게 드나들 수 있는 야생 지역이 되었답니다.

18. 남겨진 도도의 뼈

도도의 실제 뼈로 만들어진 골격은 별로 남아 있지 않아 손에 꼽을 정도입니다. 그런데 놀랍게도 전 세계의 자연사 박물관에는 도도가 수없이 많이 전시되어 있지요. 물론 대다수가 가짜 모형이고, 실제 도도를 완벽하게 '박제한' 표본이 전시된 곳은 단 한 곳도 없습니다.

우리가 박물관에서 감상할 수 있는 도도는 거의 대부분 재현된 것으로, 다른 새의 깃털과 유골을 사용하고 참고하여 모형을 본떠 만들어졌습니다. 하지만 도도가 전시된 박물관에서 이에 대한 안내를 찾아보기란 매우 어렵습니다.

도도의 모형 외에도 어느 정도 제대로 골격이 갖추어진 도도의 표본이 남아 있습니다. 이 표본은 전 세계의 조류학자들이 도도의 뼈를 모아 재구성한 것입니다. 당시 조류학자들은 두 가지 종류의 도도 뼈를 사용했습니다. 하나는 사람들이 유럽으로 데려온 도도의 뼈이고, 다른 하나는 모리셔스섬의 마레 오 송스 같은 곳에서 발굴된 뼈입니다.

대양을 가로질러 유럽으로 건너와서 죽어 버린 도도의 흔적은 거의 사라지고 없지만 작은 부분들은 지금까지 남아 있습니다. 미라로 만들어진 머리, 발톱 그리고 닳아 버린 피부 몇 부분 정도이지요. 옥스퍼드 대학의 자연사 박물관, 런던 자연사 박물관, 코펜하겐 대학, 프라하 국립 동물 박물관에 도도의 흔적이 보관되어 있습니다.

도도의 뼈를 발굴할 당시, 굉장히 많은 조각들이 발견되었습니다. 사람들은 발굴된 뼈로 도도의 골격을 재구성했지요. 하지만 이 가운데 온전한 도도 한 마리의 뼈만으로 완벽하게 재구성된 골격은 거의 없었습니다. 발굴 현장에는 도도의 작은 뼛조각들이 여기저기 퍼져 있었고, 수많은 도도의 뼈들이 뒤섞여 있었기 때문입니다.

모리셔스섬의 수도 포트루이스에 있는 자연사 박물관에는 전 세계 어느 박물관의 것보다 완벽한 도도의 골격이 두 개 있습니다. 각각의 골격은 다른 도도의 것과 섞이지 않은 온전한 한 마리에서 나온 뼈들로 구성된 것이지요.

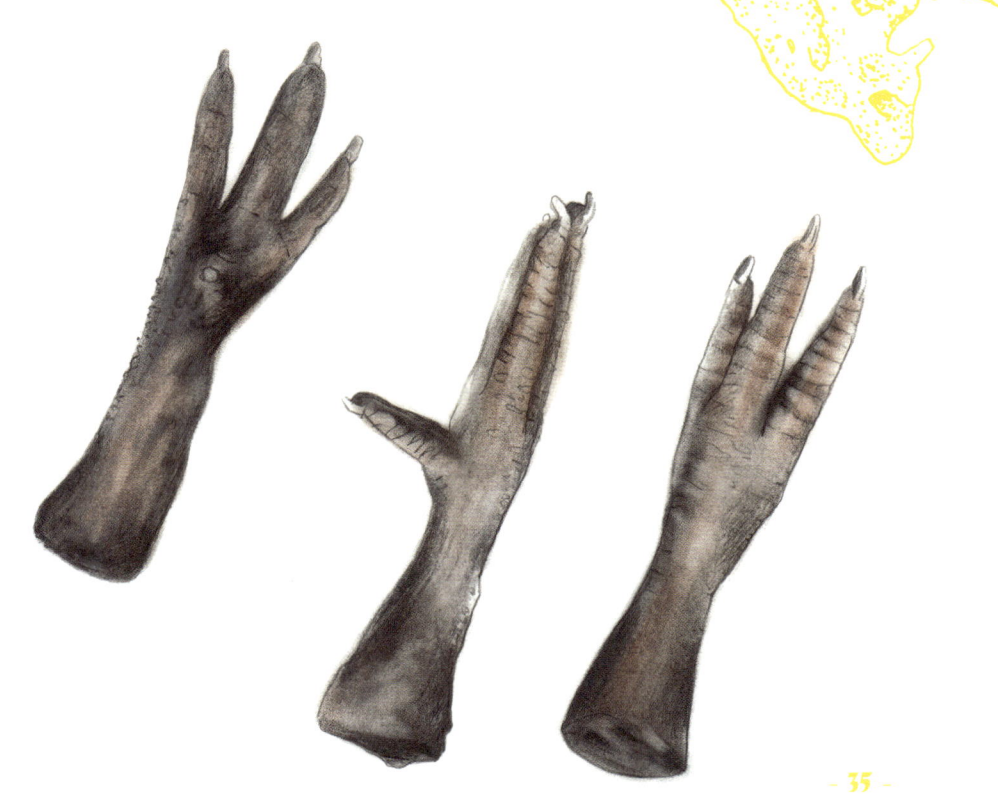

19. 고생물학자 메리 애닝

고생물학자는 화석을 연구하는 과학자입니다. 발굴 작업을 지휘하거나 직접 발굴 작업에 참여해, 땅속에서 여러 가지 화석 샘플을 채취하고 동식물의 화석 흔적을 찾아내지요. 이 과정에서, 고생물학자는 실험실에서 연구하고 분석할 만한 뼈나 온전하게 남겨진 동물의 골격을 발견하기도 합니다. 고생물학자가 발굴한 것들은 인간이 존재하기 이전 동식물이 어떻게 생겼고, 현재까지 어떻게 진화했는지를 보여 주는 생물 역사의 증거물입니다. 고생물학자는 여러 다양한 증거들을 모은 다음, 퍼즐을 짜 맞추듯 머나먼 과거에 존재했던 생물의 생김새를 완성해 갑니다.

고생물학자는 발굴된 화석이나 뼛조각들을 재구성한 다음 현대 기술, 특히 컴퓨터에서 구현되는 3D 모델 기술을 이용해 멸종한 동물의 겉모습을 우리에게 보여 줍니다. 화석에 생명을 불어넣어 다시 깨우는 환상적인 일을 하는 셈이지요. 고생물학은 식물을 다루는 고식물학, 동물을 다루는 고동물학 그리고 선사 시대 인간을 다루는 고인류학으로 나누어진답니다.

메리 애닝도 이렇게 땅속에서 기적을 찾아내는 고생물학자 가운데 한 사람이었습니다. 메리는 1799년 잉글랜드 남부 해안의 한 마을에서 태어났습니다. 전문적으로 화석을 수집한 첫 번째 여성이었지요. 어린 소녀일 때부터 남동생과 함께 화석을 찾아다녔다고 해요. 당시 화석은 많은 사람들의 관심을 받고 있었지요. 메리는 해안에서 발견한 화석 조각을 수집상에 팔아 가난에 찌든 가족의 생활비를 보탰습니다.

메리는 암모나이트와 오징어, 문어와 같은 선사 시대 연체동물 화석을 발견했습니다. 점점 화석을 발굴하는 일에 능수능란해지자 그녀는 희귀한 뼈와 골격을 찾아내기도 했지요. 메리가 자신의 마을 라임 레지스 주변에서 발견한 화석들은 모두 동일한 지질 시대의 것들이었습니다. 약 200만 년 전에 시작한 초기 중생대의 화석이었지요. 이 화석들은 대부분 해양 생물이었습니다. 메리 애닝은 종종 전 세계의 과학자와 수집가 들을 충격에 빠뜨릴 만한 화석을 발견하여 큰 파장을 일으켰습니다.

메리 애닝이 화석을 연구한 지역은 오늘날 쥐라기코스트라 불린답니다.

1908년, 작가 테리 설리번은 해리 기퍼즈가 작곡한 노래에 가사를 지어 메리 애닝을 기념했습니다. 재미있는 말놀이 같은 노랫말을 한번 읽어 볼까요?

She sells sea-shells on the sea-shore.
The shells she sells are sea-shells, I'm sure.
For if she sells sea-shells on the sea-shore
Then I'm sure she sells sea-shore shells.

(그녀는 해변에서 조개껍데기를 팔아요.
그녀가 파는 조개껍데기는 바닷조개죠, 틀림없어요.
그녀가 해변에서 바닷조개를 팔고 있다면,
바닷조개 껍데기를 팔고 있는 게 틀림없어요.)

20. 식탁에 오른 도도

항해사, 탐험가 그리고 이들이 강제로 데리고 온 노예들은 대서양을 횡단하는 긴 여행을 하는 동안 모리셔스섬에 잠시 들러 쉬었습니다. 대부분의 경우, 가져온 식량이 거의 다 바닥나 다들 굶주려 있었을 것입니다. 배고픈 이들에게 도도는 괜찮은 먹거리로 여겨졌습니다. 사람들은 바닷가에서 도도를 쉽게 잡을 수 있었습니다. 도도는 아마 인간을 처음 보았기에 사람을 피해 도망가야 한다는 본능이 발달되지 않았을 테고 아무런 위험을 감지하지 못했을 것입니다. 요하네스 테오도어 더 브리는 1601년에 출판한 여행기 모음집에서 다음과 같이 적었습니다.

우리는 섬 주민을 단 한 명도 발견하지 못했다. 대신 유럽멧비둘기가 수없이 많았다. 또 이상하게 생긴 새도 있는데, 우리는 막대기로 공격해 쉽게 이 새를 잡았다. 이 새는 한 번도 인간을 본 적이 없는 것 같았다. 우리한테 아무런 두려움이나 경계심을 갖지 않고 우리 주변을 맴돌다가 맞아 죽었다.

도도의 고기는 질겨서 맛이 없었다는 설명도 있습니다. 하지만 두세 마리 정도만 잡으면 선원들의 배를 채우기에 충분했던 것 같습니다. 빌럼 판베스트차넨은 1602년 모리셔스섬 여행기에서 다음과 같이 썼습니다.

8월 4일, 함선 브라운피시의 갑판에 커다란 새 쉰 마리가 올라와 있다. 그 중에 스물네다섯 마리는 몸이 무거워 보일 만큼 살이 쪘다. 저녁 식사로 두 마리를 다 먹을 수 없을 정도였다. 나머지는 모두 소금에 절였다.

이 특이한 새는 항해하는 사람들이 쉽게 잡아먹을 수 있었고, 소금에 절이면 보관도 가능했습니다. 소금은 세균 번식을 막아 고기가 상하는 것을 막아 주기 때문에 고기나 생선을 오랜 시간 보관할 수 있게 해 줍니다. 사람들은 짧은 기간 마구잡이로 도도를 잡아먹었습니다. 도도의 수는 빠른 속도로 줄어들었지요. 그러자 사람들은 이제 돼지, 사슴, 토끼와 같은 가축을 섬으로 데려왔습니다. 도도보다 더 연하고 맛있는 고기를 제공해 줄 동물들이었지요. 이런 동물들 때문에 도도는 더욱 살아남기 어려워졌습니다. 돼지를 비롯한 가축들이 도도의 둥지를 공격했기 때문입니다.

21. 탐험가 잔 바레

탐험가는 미지의 장소를 탐험하는 모험가입니다. 탐험가들은 동식물을 연구하거나 원주민의 삶과 문화를 연구하기 위해 알려지지 않은 곳으로 여행을 떠나지요.

인간은 호기심이 많은 동물입니다. 탐험 정신과 지적 호기심 때문에 세상에 존재하는 모든 것을 알고 싶어 할 뿐만 아니라 새로운 땅을 차지해 돈을 벌고 싶은 욕심도 있습니다. 그래서 수많은 항해사들이 국가나 왕의 후원을 받고 새로운 대륙을 찾아 바다로 떠났습니다. 이렇게 15~18세기까지 유럽 사람들이 새로운 항로를 개척하고 대륙을 발견했던 시기를 대항해 시대라고 하지요.

원주민에게 탐험가들은 불청객이었습니다. 살면서 한 번도 보지 못했던 이방인들이 원주민에게는 신이나 마법사, 또는 적으로 보였지요. 예를 들어 아메리카 원주민은 크리스토퍼 콜럼버스를 단순히 탐험가로 보지 않았습니다. 피부색이 밝고, 자신들과는 완전히 다른 풍습을 지닌 새로운 인간이라고 생각했습니다. 그래서 원주민은 탐험가들로부터 문화적인 충격을 받는 동시에 호감을 느끼기도 했지요.

수 세기 동안 여성은 집에 머물면서 아이를 키우고, 남성은 일터로 나가거나 탐험을 떠나야 한다는 생각이 세상을 지배했습니다. 물론 오늘날에는 이런 생각이 옳지 않다는 걸 알고 있지요. 그렇지만 여성 탐험가보다 남성 탐험가가 훨씬 더 많은 이유는 바로 이런 고정 관념 때문이었습니다. 하지만 당시에도, 고리타분한 생각에 얽매이지 않고 자신의 신념에 따라 탐험하고 싶은 열망을 실행에 옮긴 여성 탐험가들이 있었습니다. 잔 바레도 그런 용감한 여성 중 한 사람이었지요!

프랑스 식물학자이자 **탐험가였던** 잔 바레는 1740년 라 코멜에서 태어나 **1807년** 생올레에서 세상을 떠났습니다. 잔은 **가난한 농부 집안 출신으로** 읽고 쓰는 법을 배우지 못했습니다. 학교를 다닐 형편이 되지 않아 **어릴 때부터 일을 해야** 했지요. 잔 바레의 어린 시절에

- 38 -

대해서는 거의 알려진 바가 없습니다. 아마도 잔은 어린 시절부터 어머니에게 식물 이름과 효능을 배우지 않았을까요? 얼마 뒤 부모님이 모두 세상을 떠나자, 잔은 돈을 벌기 위해 하녀로 일했습니다.

스무 살이 되자, 잔 바레는 의사이자 식물학자인 필리베르 코메르송의 집에 가정부로 들어가게 되었습니다. 잔은 집안일을 하면서 코메르송이 연구하는 식물들을 정리하고 분류하는 일도 도왔지요. 그 집의 정원도 가꾸었고요. 그러면서 호기심과 지식은 날로 커져 갔습니다. 코메르송은 루이 앙투안 드 부갱빌이 지휘하는 탐험대에 식물학자로서 참여하게 됩니다. 그 당시에 누구나 그랬던 것처럼, 부갱빌 역시 프랑스 왕의 명을 받고 탐험대를 지휘했습니다. 코메르송은 잔 바레를 이 탐험 여행에 데려가기로 결심했습니다.

과거에는 여성이 프랑스 군함에 타는 것이 금지되어 있었습니다. 하지만 꼭 탐험대와 동행하고 싶었던 잔 바레는 남장을 하고 군함에 탔습니다. 머리카락을 짧게 자르고 남자 옷으로 갈아입고 긴 천으로 가슴을 꽁꽁 싸맸지요. 그러고 나서야 겨우 하인이자 조수로 코메르송을 따라나설 수 있었습니다.

잔 바레는 전 세계의 대지와 정글, 산을 탐험했고, 유럽에 알려지지 않은 암석과 조개를 비롯해 매혹적인 식물들을 발견했습니다. 잔은 자연 안에 이처럼 매혹적인 식물들이 많다는 사실에 감동했습니다. 이런 감동과는 반대로 잔에게는 어려움이 많았습니다. 여행 자체도 위험했을 뿐만 아니라 남자들 틈에서 여성인 것을 들키지 않아야 했기 때문입니다. 하지만 온갖 역경 속에서도 헌신적으로 일했고, 발견한 모든 것을 꼼꼼하게 기록하고 목록으로 정리했습니다.

탐험이 진행되는 동안 선원들 사이에서 잔 바레가 여성일지도 모른다는 의심이 싹텄습니다. 결국 타히티 원주민들에 의해 잔이 여성이라는 사실이 우연히 드러나고 말았습니다. 하지만 잔의 단호한 용기와 결단에 감명을 받은 선원들은 잔을 필리베르 코메르송과 함께 모리셔스섬에서 하선할 때까지 배에 계속 태우기로 결정했지요.

코메르송은 몇 년 뒤 세상을 떠났습니다. 잔 바레는 섬에 무일푼으로 남게 되었지요. 하지만 숙박업소를 차리고 프랑스 선원을 만나 결혼도 하게 됩니다. 1775년에는 남편과 함께 프랑스로 돌아갔지요. 이때 잔 바레는 전 세계에서 발견한 새로운 식물들을 가져왔습니다. 프랑스 왕 루이 16세는 그 노고를 치하했고, 잔 바레가 계속 연구할 수 있도록 재정도 지원해 주었지요. 잔 바레는 10년에 걸쳐 전 세계를 돌아다니면서 500여 종의 식물을 프랑스로 가져왔습니다. 이 가운데 300여 종은 그때까지 알려진 바 없었던 새로운 식물이었습니다.

22. 도도의 험난한 바다 여행

오늘날에는 한 나라에서 다른 나라로 동물을 옮길 경우 엄격한 규정이 적용됩니다. 그런데 과거에는 지금과는 관습이 달랐습니다. 항해자, 탐험가는 여행 경비를 모두 지원해 준 국왕에게 감사의 선물로 조국에 알려지지 않은 진기한 동물을 가져다 바쳤던 것입니다. 예를 들어, 1414년 중국 명나라의 무장 정화는 아프리카 기린을 배에 실어 와 황제에게 바쳤습니다. 이렇게 수집된 동물들은 왕이나 황제의 동물원에 전시되어, 보는 사람들을 깜짝 놀라게 했습니다. 물론 당시 사람들은 세계 각지에서 들여온 새로운 생물을 관찰하고 연구하고 싶은 생각도 있었습니다. 학자들은 이 동물들을 꼼꼼히 조사했고, 재능 있는 예술가들은 그림으로 남겨 후손에게 전했습니다. 동물원에 살던 동물이 죽게 되면, 박제해 다시 전시했지요. 하지만 동물 박제 방식이 현대처럼 발달하지 못했기 때문에 표본은 점점 상태가 나빠져 몇 년 뒤에는 폐기되곤 했습니다.

전 세계의 해양 박물관들은 수천 개의 동물 표본을 소장하고 있습니다. 하지만 조사를 해 보면 그 가운데 많은 표본들이 동물의 실제 모습과는 좀 다르거나 심지어 전혀 닮지 않은 것도 있다는 사실을 알게 됩니다.

도도 역시 모리셔스섬에서 유럽으로 수없이 많이 실려 갔습니다. 많은 여행가와 수집가가 남긴 기록과 여러 그림을 통해 이 사실을 알 수 있지요. 조류학자 하치스카 마사우지는 16세기 초에 열일곱 마리의 도도가 살아 있는 채 잡혀서 배에 실려 유럽으로 건너갔다고 밝혔습니다. 하지만 열일곱 마리 모두 살아서 유럽에 도착했는지는 알 수가 없습니다. 단지 도도가 네덜란드, 프라하, 잉글랜드로 실려 갔다는 기록을 확인할 수 있을 뿐입니다. 그리고 이 열일곱 마리 중 한 마리는 인도로 건너간 것 같습니다. 무굴 제국 수라트에 있는 자한기르 동물원에 도도가 전시되어 있었다는 기록이 남아 있거든요.

배에 실려 이곳저곳으로 이동했을 도도를 상상해 봅시다. 지저분한 환경 때문에 수많은 도도가 배에서 죽었을 것입니다. 그나마 긴 항해에서 겨우 살아남은 도도는 병든 상태였을 것입니다. 좁은 우리에 갇힌 채 선원들이 주는 먹이만 받아먹었을 테니 무척 뚱뚱해졌을 가능성이 높지요. 살아서 유럽에 도착했다 한들, 도도에게 그리 좋은 일이 생겼을 리 없습니다. 자유롭게 살던 도도는 또 다시 동물원 우리에 갇혀 전시되고 학대받았을 것이 뻔합니다.

23. 수집가 루돌프 2세

수집가는 공통점이 있는 물건이나 서로 비슷한 물건을 모은 다음 목록을 작성하고 보관하는 사람을 가리킵니다. 수집가들은 이미 셀 수 없을 정도로 많은 물건이나 동물을 갖고 있으면서도 수집을 멈추지 않습니다. 수집품들이 학문적으로나 예술적으로, 혹은 미적으로, 역사적으로, 문서 기록상으로, 정서적으로, 경제적으로 가치가 있다고 생각하기 때문이지요.

세상의 모든 것은 다 수집품이 될 수 있습니다. 예를 들어 우표, 스티커, 신기한 병, 조각상, 책, 사진, 깡통 등을 수집할 수 있지요. 수집품이 될 수 없는 것이란 없답니다!

그래서일까요? 대부분의 수집가들은 취미로 수집을 즐깁니다. 그런데 수집을 직업으로 삼는 사람도 있을까요? 미술품이나 중고품을 수집하는 사람들 가운데는 이 수집품들로 돈을 버는 사람들이 있습니다. 수집한 미술품이나 물품을 다른 사람에게 팔고, 다시 판매를 위해 미술품과 물품을 계속 수집하지요.

전 세계에는 아이부터 어른에 이르기까지 수백만 명의 수집가가 있습니다. 그 가운데 매우 놀랍고 가치가 높은 수집품들로 유명한 수집가가 있습니다. 페기 구겐하임은 예술품 수집가로 그 명성이 자자합니다. 또한 역사적 인물 가운데에도 수집가로 잘 알려진 사람들이 있습니다. 오토 폰 비스마르크는 온도계를, 나폴레옹과 윈스턴 처칠은 장난감 병정을 수집한 것으로 유명하지요.

루돌프 2세 역시 수집가로 유명했습니다. 살아 있는 도도를 비롯해 수많은 수집품을 모았지요. 루돌프 2세는 1552년 빈에서 태어나 1612년 프라하에서 세상을 떠나기까지 신성 로마 제국 황제, 보헤미안 왕, 헝가리 왕, 크로아티아 왕 그리고 오스트리아 제국의 대공으로서 나라를 통치했습니다. 그런데 그는 낯가림이 심하고, 소심하고, 이따금 까탈을 부리는 성격이었다고 해요. 그래서일까요? 루돌프 2세는 정치보다는 학문과 예술, 특히 천문학에 관심이 많았습니다. 열 살 무렵부터 스페인에서 살았는데, 황제에 즉위한 직후 황궁을 빈에서 프라하로 옮겼습니다. 이곳에서 수많은 예술가와 지식인 들에 둘러싸여 지내면서 수집을 시작했지요. 예술품과 경이로운 물건들로 가득한 황제의 수집품 전시실은 곧 유명해졌고, 유럽에서 가장 아름다운 곳으로 널리 알려졌습니다. 루돌프 2세는 놀랍고 매혹적이며 호기심을 불러일으키는 세상의 모든 것을 사랑했지요. 하지만 그의 수집품은 무엇이 진짜 세계이고, 무엇이 상상의 세계인지를 구분하는 도구로 사용되었을 뿐이었습니다.

루돌프 2세는 진기한 생물에게도 관심을 가지기 시작했습니다. 그래서 성 주위에 이국적인 느낌의 동물원을 세웠습니다. 알려진 바에 따르면, 다리가 세 개인 메추라기, 머리가 두 개인 비둘기, 괴상한 모습의 토끼, 다양한 뼈와 골격, 용, 사람이나 동물의 위에서 생기는 돌인 위석, 낯설고 괴상한 여러 동물들과 상상 속에서나 있을 법한 생물들이 전시되어 있었다고 합니다. 그중에는 도도도 있었는데, 화가 야코프 호프나겔이 이 도도를 그림으로 남기기도 했지요.

- 41 -

24. 도도에 대한 재미있는 기록들

유럽에서 온 수많은 선원들과 탐험가들이 도도에게 매료되었습니다. 그때까지 보지 못했던 모습의 새였기 때문이지요. 물론 어떤 이들은 도도를 우스꽝스러운 새라고 적었지만, 매우 인상적인 새라고 기록한 사람들도 있었습니다. 이 특별한 새, 도도는 발견된 지 60년 동안 다음과 같이 묘사되었습니다.

이국적으로 생긴 닭
샤를 드레클뤼즈,《이국적인 생명체 10》(1605년) 중에서
야코프 네크의 항해 일지에 적힌 묘사

이 새의 머리는 수도복에 달린 모자를 쓴 것처럼 반 정도가 깃털 가죽으로 뒤덮여 있다. 또한 날개 대신 대여섯 개의 누리끼리한 깃털이 나 있다. 엉덩이에는 꼬리 대신에 깃털이 네다섯 개 나 있고, 색깔은 회색이다.
피터르 빌렘 버호벤,《열한 번째의 항해》(1613년) 중에서

이 새는 몸이 둥글둥글하고 굉장히 뚱뚱하다.
토머스 허버트,《페르시아 왕국에 관한 설명》(1634년) 중에서

머리는 매우 도도하고 고집스럽게 보이는데,
마치 수도복의 모자를 쓴 것처럼 털가죽이 두건처럼
뒤덮여 있다. 이 새는 다른 새와는 달리 날개도 없고
꼬리도 없다. 다만 몽땅한 작은 날개와 엉덩이에 깃털이
네다섯 개 달려 있을 뿐이다. 또한
이 새는 부리와 다리가 있다……

빌럼 판베스트차넌, 《동인도로 떠나는 자유 연합 네덜란드의
세 번째 위대한 항해》(1648년) 중에서

이 섬에는 '드론테'라 불리는, 괴상하게 생긴 새가
북적댄다……. 눈은 크고 검은색이다.

빌럼 피소, 1658년

25. 도도이즘

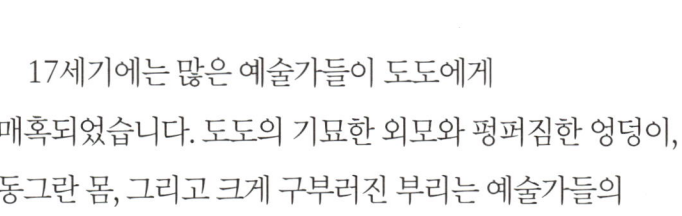

17세기에는 많은 예술가들이 도도에게 매혹되었습니다. 도도의 기묘한 외모와 펑퍼짐한 엉덩이, 동그란 몸, 그리고 크게 구부러진 부리는 예술가들의 흥미와 호기심을 자극하기에 충분했거든요.

도도는 수십 번이나 스케치되었고 그림으로 그려졌습니다. 그런데 이렇게 그려진 도도의 모습은 실제와는 달랐습니다. 사람들이 다른 동물의 여러 부위들을 짜 맞춰서 그렸기 때문입니다.

도도를 그린 그림들을 살펴보면 공통점과 유사점, 차이점이 드러납니다. 예를 들어 모리셔스섬에서 그려진 도도의 그림과 유럽에서 완성된 도도의 그림을 비교하면 두 도도가 체형이 다르다는 걸 알 수 있습니다. 모리셔스섬 도도가 유럽 도도보다 훨씬 날씬하지요. 모리셔스섬에서 출발하여 유럽으로 건너가는 오랜 항해 기간에, 도도는 아마 좁은 우리에 갇힌 채 먹이만 먹어서 살이 쪘을 것입니다. 유럽 예술가들은 이렇게 살이 오른 도도를 모델 삼아 그림을 그렸을 테고요.

또한 화가들이 살아 있는 도도를 직접 보고 그렸는지, 아니면 설명만 듣고 그렸는지도 알 수 없습니다. 도도와는 아무런 상관이 없는 다른 동물의 표본을 보고 그림을 그렸을 가능성도 있습니다.

알려진 바에 따르면, 최초의 도도 그림은 동판화 제작자이자 출판업자인 요하네스 테오도어 더 브리가 1601년에 제작한 동판화입니다.

1601년에 제작된 그림이 하나 더 있는데, 이 그림은 볼페르트 하르먼손 선장이 지휘한 네덜란드 함선 헬데를란트의 항해 일지에 실려 있습니다.

이 그림은 선원 요리스 유스튼손이 그렸습니다. 그는 그림을 그리는 재주가 남달라, 탐험하는 동안 여러 그림을 남겼습니다. 요리스 유스튼손 덕분에 우리는 정확한 도도의 스케치를 볼 수 있었습니다. 도도의 서식지에서 그려진 이 그림은 도도의 실제 모습과 거의 비슷합니다. 유골과 DNA 분석에 따르면, 도도는 사실 그렇게 뚱뚱하지 않았고 체형이 둥글둥글하지도 않았습니다.

그렇다면 커다랗고, 뚱뚱하고, 우스꽝스럽게 다리가 짧고, 부리는 매섭게 구부러졌으며, 멍청하게 웃는 도도의 이미지는 도대체 어디에서 온 것일까요?

십중팔구 '에드워드의 도도'라는 그림 때문일 것입니다. 이 그림은 플랑드르의 화가 룰란트 사베리가 1626년에 완성했습니다. 사베리는 네덜란드에서 예술을 배운 다음 루돌프 2세의 동물원에 있는 동물들을 그리기 시작했습니다. 이국적이고 환상적인 수많은 동물을 거대한 화폭으로 옮겼는데, 그 가운데 도도도 있었습니다.

사베리는 도도를 프라하에 있는 황제 동물원에서 처음 보았습니다. 어쩌면 박제된 모형을 보았을 수도 있고요. 그림 속 도도가 뚱뚱하고 뻣뻣해 보이기 때문입니다. 영국 자연 과학자 조지 에드워드는 이 그림을 소장하고 있다가 나중에 영국 박물관에 기증했습니다. 그래서 이 그림에 '에드워드의 도도'라는 이름이 붙은 것입니다. 지금도 런던 자연사 박물관에서 이 그림을 감상할 수 있습니다.

다른 많은 예술가들도 도도의 진짜 모습이 아니라 다른 새의 깃털과 발톱으로 장식된 도도의 모형을 보고 그림을 그렸습니다. 아마도 사베리의 그림을 본보기로 삼았을 것입니다.

우리가 안다고 믿는 도도, 박물관에 전시된 도도의 그림과 골격은 단지 도도의 닮은꼴에 불과합니다. 이 닮은꼴로부터 생긴 믿음이 지금의 도도 이미지를 만들어 냈습니다. 하지만 이렇게 도도를 그리거나 닮은 모형을 만든 사람들 중 그 누구도 살아 있는 도도를 직접 본 적이 없었습니다.

여러 그림 속 도도의 모습과 박물관에 전시된 표본의 모습이 서로 닮았기 때문에, 우리는 도도의 외모가 그렇게 생겼을 것이라 믿고 있을 뿐입니다. 이런 믿음에 도도이즘*이라는 이름을 붙이면 어떨까요?

* 도도이즘은 이 책에서만 등장하는 말입니다. 세계의 부조리를 알리는 예술 운동인 '다다이즘'과 발음이 비슷하지 않나요?

26. 동물 표본 제작자 힐데가르트 엔팅

동물 표본 제작자는 죽은 동물을 보존 처리해 마치 살아 있는 것처럼 보이게 만드는 사람입니다. 이런 작업을 박제라고 불러요.

우선 죽은 동물의 무게를 달고 크기를 정확히 잽니다. 그런 다음 몸통에서 피부, 깃털 전체 또는 털가죽을 분리해 깨끗하게 세척하고 특수 처리를 합니다. 석고나 합성 물질을 이용해 몸통을 고정한 다음 정교하게 모양을 잡습니다. 혈관과 유리로 만든 인공 눈이 붙고, 발등, 이빨, 혀와 발톱도 원래 모습처럼 복원됩니다.

이런 준비가 모두 끝나고 나면 완전히 건조되지 않은 피부나 털 등을 몸통에 붙이고 서로 이어 봉합합니다. 마지막으로 눈꺼풀, 코, 부리와 다리에 원래의 색을 입히고 광택을 냅니다. 동물을 박제할 때, 표본 제작자는 참고할 동물 원형이 없을 때가 많습니다. 이런 경우, 남은 골격과 과거 그림을 참조하며 완성합니다.

동물 표본 제작자는 대부분의 작업을 박물관의 공방에서 합니다. 이 일은 전문적인 지식과 창의적인 작업이 필요하지요. 또 표본 제작을 정확히 하려면 해부학 지식도 상당히 많이 필요합니다.

힐데가르트 엔팅은 독일 프랑크푸르트에 살면서 젠켄베르크 자연사 박물관에서 동물 표본 제작자로 일하고 있습니다. 2019년에는 팀원들과 함께 도도의 표본을 완성했지요. 이제 젠켄베르크 박물관에 가면 도도의 표본을 감상할 수 있답니다. 힐데가르트 엔팅의 이야기를 한번 들어 볼까요?

프랑크푸르트의 젠켄베르크 자연사 박물관에서 동물 표본 제작자로 일하고 있는 힐데가르트 엔팅 선생님을 소개합니다! 선생님의 직업에 대해 설명해 주시겠어요? 어떻게 표본 제작자가 되셨나요?

동물 표본 제작자는 과학자와 함께 박물관에서 동물을 전시하고 학문적인 가치가 있는 것을 수집합니다. 동물과 식물을 박제하고 이에 어울리는 풍경과 모델도 만들지요. 또 낡은 표본을 복원하고 손질도 합니다. 학문 연구에 필요한 표본 작업도 하고요.

표본 제작자인 저는 자연을 사랑하는 마음과 창의력을 함께 발휘합니다. 표본을 제작할 때마다 동물과 그들의 생활 방식에 대해 많이 배우게 되지요.

당연히 표본 제작에는 재료에 대한 지식도 많이 필요합니다. 그래야 다양한 특징을 가진 재료를 더 많이 활용할 수 있거든요. 저는 특히 이 부분이 재미있습니다. 언제나 흥미롭고 설레는 기분으로 일을 하게 되지요.

어릴 때부터 동물을 좋아했나요? 혹시 어린 시절을 동물과 함께 보내셨나요?

네, 저는 동물을 굉장히 좋아했습니다. 어릴 때는 쥐며느리, 달팽이, 개미, 집게벌레 같은 작은 벌레들을 찾아다니곤 했어요. 쓰러진 고목이나 돌덩이를 들추면 작은 생명체를 쉽게 발견할 수 있었지요.

당연히 이보다 더 큰 생물도 좋아했습니다. 무엇보다 크게 숨을 내쉬는 암소를 무척이나 좋아했지요. 우리 가족은 개, 고양이, 새 그리고 고슴도치와 같은 다양한 동물들을 잘 보살피며 함께 살았습니다.

박물관에 선생님이 만든 도도가 전시되어 있어요. 어떤 계기로 도도의 표본을 만들게 되셨나요?

프랑크푸르트의 젠켄베르크 박물관은 도도의 뼈를 조합한 골격만 보관하고 있었어요. 미라처럼 만든 도도 머리와 도도 발에서 모양을 뜬 석고 모형도 있었지요.

하지만 아쉽게도 완전하게 복원된 표본은 없었습니다. 모조품만 있었을 뿐이었지요. 그런데 수많은 사람들이 도도 복원 작업을 열성적으로 지원해 주었어요. 그래서 복원 작업을 시작할 수 있었지요.

도도 복원 작업은 다른 동물을 복원할 때와는 많이 달랐나요?

네, 달랐어요. 저는 20여 년 전부터 도도를 복원하는 꿈을 꿔 왔습니다. 이제 저의 꿈이 실현된 셈이죠. 그사이 저는 도도에 대해 수많은 조사를 했습니다.

도도에 관한 정보는 많았어요. 선원들이 작성한 기록과 도도의 그림도 여러 장 있었지요. 뼈도 많았고요. 또 머리도 미라 형태로 보관되어 있었습니다. 하지만 도도에 대한 정확한 지식은 그리 많지 않았어요.

그래도 새로운 기술 덕분에 많은 과학자들이 도도의 생활 방식과 도도가 어떤 새였는지에 관해 더 많은 사실들을 찾아내고 있어요. 이 모든 것이 매우 흥미진진합니다. 현재 살아 있는 동물들은 수많은 사진과 영상으로 살필 수 있고, 자연과 동물원에서도 관찰이 가능해요. 하지만 안타깝게도 사진 기술이 발명되기 전에 멸종한 동물들은 이런 자료가 남겨져 있지 않지요. 이 때문에 멸종한 동물에 대해 조사할 때는 더 많은 노력과 정성이 필요합니다. 물론 그만큼 더 흥미진진하지요. 도도에 관해 조사할 때마다 놀라운 결과가 나오곤 했으니까요.

도도 복원 작업에는 어떤 재료가 사용되었나요?

박물관에 전시된 도도는 다양한 합성 물질과 금속 뼈대로 이루어져 있어요. 눈은 유리로 만들어져 있습니다. 하지만 깃털은 자연산이랍니다.

또 어떤 동물의 표본을 제작하셨나요?

어떤 동물이든 표본으로 제작이 가능해요. 저는 대부분 작은 동물을 표본으로 제작했어요. 예를 들어 올빼미, 쥐, 구더기, 뱀, 도마뱀, 딱정벌레 등이지요. 특히 저는 달팽이처럼 박제 작업이 쉽지 않은 동물을 전문으로 작업하고 있어요.

동물 표본을 제작할 때 동물의 삶을 머릿속으로 그려 보시나요? 예를 들면, 그 동물이 살아 있을 때 어디서 어떻게 살았는지 짐작할 수 있나요?

그럼요, 제가 하는 일이 바로 그런 일인 걸요. 제가 하는 일 중에서 가장 아름다운 부분이기도 하고요. '이 동물은 얼마나 주위를 살피고 경계를 했으면 이렇게 피곤해 보일까?' '저 동물은 편안하게 잘 지냈을까?' '이 동물이 살았던 당시 상태를 관람객에게 잘 전달하려면 어떻게 해야 할까?' 이런 상상을 하며 작업을 합니다.

표본을 제작한 동물 가운데 가장 좋아했던 동물은 무엇인가요?

도도가 가장 마음에 듭니다. 또, 예전에 멧돼지 새끼를 박제한 적이 있었는데, 진흙탕에 앉아 기분이 아주 좋아 보였어요.

반려 동물이 있으신가요? 박제한 동물을 집에 보관하기도 하나요?

집에는 박제된 동물도 없고 살아 있는 반려 동물도 없어요. 저는 도시 한복판에 살고 있고 하루 종일 일을 해야 하기 때문이죠. 그렇지만 도시에는 많은 동물들이 살고 있답니다. 뒤뜰에 있는 새와 다람쥐 들이 모두 저의 이웃이에요. 이들 이웃만으로 충분하답니다.

조만간 박물관에서 새로운 동물 표본을 보게 될까요?

흔히 해초에 달라붙어 사는 바다 민달팽이 표본을 만들고 있어요. 일곱 마리 정도 된답니다. 자연에서 이 달팽이는 겨우 오 밀리미터 정도밖에 안 될 정도로 굉장히 작습니다. 그래서 저는 크기를 스무 배로 확대해서 작업을 하고 있어요. 이 바다 민달팽이는 '바다의 양' 또는 '나뭇잎 양'(학명: Costasiella kuroshimae)으로 불리기도 합니다.

27. 이상한 나라의 도도

오늘날에는 동물의 멸종을 이야기할 때마다 늘 도도에 대한 이야기가 함께 나옵니다. 비록 이상하게 구부러진 부리, 둥글둥글하고 뚱뚱한 몸, 그리고 결코 예쁘다고는 할 수 없는 겉모습 때문에 볼품없는 새라고 불리기도 하지만, 많은 사람들이 도도를 사랑합니다.

도도가 크게 인기를 얻은 데에는 다음과 같은 사연이 있습니다. 어느 날, 앨리스 리들이라는 영국 여자아이가 루이스 캐럴이라는 이름으로 더욱 유명한 찰스 럿위지 도지슨과 함께 옥스퍼드 대학의 자연사 박물관을 방문했습니다. 두 사람은 얀 사베리가 그린 도도의 그림을 보고 대단히 감탄했지요.

1865년, 루이스 캐럴은 앨리스를 위해 지금은 너무나 유명해진 책 《이상한 나라의 앨리스》를 썼습니다. 이 책에서 캐럴은 '앨리스와 함께' 사랑했던 도도를 등장시켰습니다. 앨리스는 자신이 흘린 눈물이 고여 만들어진 눈물 연못에 빠지게 되는데, 겨우 헤엄쳐 나오고 나니 오리와 독수리, 앵무새 등이 젖은 몸을 말리고 있습니다. 이때 괴상한 새 도도가 등장해 경주를 하자고 하지요. 동물들은 바람을 맞으면서 달리기를 하고 그러자 서서히 물기가 마르기 시작합니다. 그때 도도가 달리기 경주가 끝났다고 선언합니다.

마침내 도도가 말했습니다.
"우리 모두 달리기 경주에서 승리했어. 각자 상을 받아야 해."
"그런데 누가 상을 수여하지?"
다들 한목소리로 물었습니다.
"당연히 이 아이가 하지!"
도도가 앨리스를 가리키며 말했습니다.
"하지만 너희도 알다시피 얘도 상을 받아야 하잖아."
쥐가 말했습니다.
"암, 그렇고말고."
도도가 진지하게 대꾸했습니다.
"네 주머니에 또 뭐가 있어?"
도도가 앨리스를 보면서 물었습니다.
"골무밖에 없어."
앨리스가 풀이 죽어 말했습니다.
"나한테 줘 봐."
도도가 말했습니다. 앨리스가 도도에게 골무를 넘겨주자 모두들 다시 앨리스 주변으로 모여들었습니다. 도도가 앨리스를 향해 말했습니다.
"너에게 이 고귀한 골무를 수여하노라."

전 세계 수백만 독자들이 이 이야기를 읽었고 책에 그려진 그림을 보았습니다. 이렇게 수백만 명의 사람들이 도도를 알게 되었지요. 당시 사람들은 실제로 존재했던 이 동물에 대해 아는 바가 거의 없었습니다. 그래서 도도는 상상 속의 동물로 여겨졌습니다.

이후 도도는 엄청난 인기를 얻어, 영화, 노래 그리고 시에도 등장하게 됩니다. "도도처럼 죽다"라는 말도 생겨났는데, 완전히 사라져 버렸다는 의미랍니다.

도도에게
상냥한 새야, 얼마나 무서웠니
훨훨 날아가서 영영 사라져 버렸구나.
영혼은 미지의 강가에,
스틱스강에 잠깐 머물다
시조새 곁으로 가 버렸구나.
알 수 없는 수수께끼 같은 운명 때문에
너는 사라져 버린 걸까?
수많은 동물들이 우리 곁에 있지만
무시무시한 동물은 공포의 대상일 뿐.
독을 품은 뱀, 아프게 쏘는 곤충들
우리에게 고통만 남길 뿐.
할 수만 있다면, 이들을 멀리 보낼 텐데
최선을 다해 아주 먼 곳으로.
대신 특별 기차를 도도에게 보낼 텐데
다행히도 도도를 다시 데려오도록.

올리버 허퍼드, 〈도도〉(1901년)

도도는 특별히 강하지도, 예쁘지도 않았고, 위엄 있는 동물도 아니었습니다. 오히려 그랬기 때문에, 사람들은 자신을 지킬 무기 하나 없었던 그 동물을 더욱 사랑하게 되었는지도 모르지요.

28. 도도가 날지 못하는 이유

모든 동물들은 자신을 둘러싸고 있는 자연, 주위 환경, 먹이에 적응하며 살아갑니다. 또한 함께 어울려 사는 다른 동물뿐만 아니라 심지어는 천적에도 적응할 수 있지요. 천적의 먹잇감이 되지 않고 위험한 상황을 피하려면 어떻게 해야 하는지 살펴, 그에 맞게 자신의 능력을 발달시킨답니다. 예를 들면 어떤 동물은 위기에서 벗어나기 위해 날개를, 또 어떤 동물은 재빨리 도망치기 위해 긴 다리를 발달시킵니다. 수많은 세대를 거치면서 이와 같은 육체적 변화가 일어나지요. 이렇게 동물이 환경에 적응하고 살아남을 기회를 높이는 변형의 과정을 진화라고 합니다.

도도의 조상은 원래 어디든 날아갈 수 있는 날개가 있었습니다. 하지만 더 이상 날갯짓을 할 필요가 없어졌다는 단순한 이유 때문에 도도는 비행 능력을 잃어버렸지요. 도도는 날지 않아도 일 년 내내 싱싱한 과일을 먹을 수 있었습니다. 둥지를 찾아내 공격할 천적 따위가 없었기 때문에, 높은 나무 위가 아닌 땅바닥에 둥지를 틀고 새끼를 키워도 전혀 위험하지 않았고요. 이렇게 도도는 점점 비행 능력을 잃게 되었습니다. 대신 점점 살이 올랐고 덩치가 더 커졌습니다.

1809년에 태어나 1882년 세상을 떠난 영국의 생물학자이자 자연 과학자인 찰스 다윈은 자연 선택 이론을 주장했습니다. 이 이론에 따르면 도도를 비롯한 모든 생물은 진화 과정에서 자신의 환경에 적응하며 살아갑니다. 다윈은 1831년부터 1836년까지 지구 남반구를 탐험했는데, 동물이 환경에 적응하면서 진화했다는 그의 이론도 이때 발전시킨 것입니다.

찰스 다윈은 먼저 의학을 공부했고, 그다음에는 신부가 되기 위해 신학을 공부했습니다. 하지만 자연 과학에 더 많은 관심을 쏟게 되었지요. 동물, 특히 해양 생물에 큰 흥미를 가졌으며, 이에 못지않게 식물에도 관심이 있었습니다. 다윈은 여기서 그치지 않고 박제 기술도 익혔답니다.

1831년 학업에 매진하던 스물두 살의 다윈에게 좋은 기회가 찾아왔습니다. 자연 과학자로서 군함 HMS 비글에 승선할 학술 탐사대의 일원이 되지 않겠냐는 제안을 받은 것입니다. 다윈은 길게 고민하지 않고 5년 간 세계 일주 여행을 떠났습니다. 남아메리카, 오스트레일리아, 레위니옹을 탐사했습니다. 가장 특별한 곳은 바로 갈라파고스 제도였지요.

이 여행 기간에 다윈은 획기적인 관찰을 시도했습니다. 수많은 동물종과 식물종을 수집한 다음

자신의 이론을 증명하기 시작했지요. 또 환상적인 세계 일주를 세세히 기록한 해양 일지도 작성했습니다. 나중에 다윈은 이 일지를 가족에게 헌정했습니다. 그리고 탐험 여행을 하며 관찰하고 연구한 모든 것들을 책으로 출간했는데, 이 책이 바로 《종의 기원》입니다. 다윈은 동식물 종이 변화를 거듭하며 진화했다고 주장했습니다. 왜냐하면 주위 환경에 잘 적응하면서 생존력과 번식력이 뛰어난 동물과 식물이, 그런 자신의 속성을 후손에게 전해 주었다고 생각했기 때문입니다.

찰스 다윈은 갈라파고스핀치라고 불리는 새들을 데리고 여행에서 돌아왔습니다. 갈라파고스핀치는 갈라파고스 제도에서 주로 식물의 씨앗을 먹으며 사는 새들로, 다윈은 이 새를 여행 기간에 자세히 관찰했지요. 갈라파고스핀치는 사는 곳과 먹이에 따라 각각 모습이 달랐습니다. 하지만 조상은 같았지요. 같은 종이었던 새들이 서로 조금씩 다른 환경 조건에 적응하면서 조상이 지니고 있던 모습과는 멀어지고 새로운 모습으로 다양하게 진화한 것입니다.

다윈은 이러한 관찰을 근거로 이론을 설명해 나갔습니다. 그에 따르면 모든 동식물과 인간은 각각 먼 조상으로부터 발전했고, 처음에는 서로 매우 닮았으나 각각의 환경과 기후에 맞게 새로운 종으로 진화했습니다. 시간이 지나면서 자신을 둘러싼 환경에 가장 잘 적응한 종은 점점 수가 늘어났지만 적응하지 못한 종은 점점 줄어들다가 마침내 사라지고 말았습니다. 이런 방식으로 자연은 생물을 선택합니다. 이것을 자연 선택이라 하지요.

이후 화석 발굴과 DNA 검사를 통해, 다윈의 말이 사실로 확인되었습니다. 당시 사람들은 큰 충격에 빠졌습니다. 왜냐하면 신이 세상을 창조했다고 하는 성서의 기록과 다윈의 이론이 모순된다고 여겼기 때문입니다. 한편으로 사람들은 두렵기도 했습니다. 인간이 처음부터 직립 보행을 하지 않았고 인간의 조상도 지금과는 많이 다른 모습이라는 사실을 받아들일 수가 없었지요. 지구상의 모든 생명체가 창조된 것이 아니라 환경에 맞게 변화해 왔고, 어쩌면 인간과 동물의 조상이 같을지도 모른다는 사실도요!

종의 진화에 대한 찰스 다윈의 연구는 생물학에 큰 변화를 불러일으켰습니다. 또한 사람들은 인간 발달에 대해 깊이 있게 들여다보게 되었지요.

> 종의 기원에 대해 곰곰이 생각해 보면 다음과 같은 사실을 인정할 수밖에 없을 것이다. 자연 과학자로서 생명체들 사이의 공통점과 그 밖의 사실들을 종합해 보면 모든 종이 서로 별개의 형태로 창조된 것이 아니라, 다른 종으로부터 갈라져 나와 현재 다양한 종에 이르렀다는 결론을 내릴 것이다.
>
> 찰스 다윈, 《종의 기원》(1859년)

29. 동물은 어떻게 멸종할까

같은 동물종이라 해도, 그 안에는 비슷비슷한 여러 종류의 동물들이 있습니다. 동물들이 어떻게 번식을 하는지 우리는 이미 잘 알고 있지요. 암수가 짝짓기를 하고 새끼를 낳으면, 그 새끼가 다시 성장하여 부모가 됩니다. 동물은 변화하는 환경에 적응해, 시간이 흐르면서 자신을 변형시키고 진화합니다. 다윈이 보여 준 것처럼, 동물은 환경에 적응하면서 자신을 변형시킬 수 있습니다. 또한 생존이 걸린 주위 환경이 이전과 달라진다고 해도 바뀐 환경에 적응해 나가는 능력이 있습니다.

같은 동물종에 속한 동물들이라 해도 서로 완전히 같지는 않습니다. 몇몇 동물들은 다른 동물보다 생존 능력이 더 뛰어나, 더 좋은 먹이를 더 많이 먹을 수 있고, 천적의 위협에서 더 잘 벗어납니다. 당연히 번식도 더 잘합니다. 그래서 이 동물들은 환경에 잘 적응하지 못한 다른 동물들보다 더 많이 살아남아 세력을 키우게 됩니다. 이러한 현상을 자연 선택이라 합니다. 지구상의 생명 진화 과정에서 흔히 찾아볼 수 있지요.

만약 어떤 동물종이 더 이상 번식하지 못한다면 자연의 방식에 따라 세상에서 사라지고 맙니다. 번식하지 못하는 이유 중 하나는 바로 극심한 환경 변화입니다. 예를 들면, 운석이 떨어져 공룡이 멸종하고, 기후가 따뜻해져 매머드가 사라졌습니다. 또 약한 동물종이 더 강한 동물종에게 잡아먹히거나, 먹이 사슬 안에서 경쟁에 밀려 멸종할 수도 있습니다. 하지만 극심한 환경 변화가 일어나거나 강한 동물에게 위협을 받는다 해도, 동물이 그에 맞게 적응하여 진화한다면 새로운 동물종이 탄생하게 되는 것이죠.

지구상에 생명이 태어난 이후로 자연재해는 수없이 많이 발생했습니다. 해수면이 상승하거나 하강하고, 운석이 떨어지고, 화산이 폭발하고, 빙하기가 닥치기도 했지요. 그 결과 수많은 다양한 동물종이 사라지고 말았습니다. 이를 대멸종이라고 부릅니다.

오늘날에도 대멸종이 일어나고 있습니다. 그런데 이 대멸종은 지구 역사상 처음으로 단 하나의 동물종에 의해 발생하고 있습니다. 바로 인간에 의해서이지요. 인간의 발길이 닿지 않은 세계보다 인간의 영향력이 미치는 곳에서 수천, 수만 배 더 많은 동물들이 멸종했습니다. 인간은 수 세기 전부터 수많은 동식물들을 멸종시키고 있었습니다. 이제 이 대멸종은 돌이킬 수도 없을 뿐 아니라, 점점 더 심해지고 있습니다.

30. 마지막 도도

유럽 사람들이 처음으로 모리셔스섬을 발견했던 1507년부터 1662~1693년까지 200년이 채 안 된 이 시기에 도도는 이 섬에서 영원히 사라져 버렸습니다.

다른 동물을 공격한 적도 없고 심지어 해를 끼친 적도 없었던 이 새가 어떻게 그렇게 짧은 시간에 완전히 사라져 버리고 말았던 것일까요?

인도로 가기 위해 대서양을 항해하던 유럽 사람들은 배고픔을 달래고 기력을 회복하기 위해 모리셔스섬에 들러 쉬었다 가곤 했습니다. 하천에서 먹을 물을 구하고, 열매를 따고, 바다거북과 새를 비롯한 여러 동물들을 잡고, 손에 잡히는 것은 무엇이든 먹어 치웠습니다. 또한 유럽에는 없는 값나가는 목재를 얻을 요량으로 마구잡이로 나무를 베어 배에 싣기도 했지요. 침입자들은 나무들을 베어 내 숲을 밭으로 만들어 사탕수수, 쌀, 담배, 감귤 열매와 콩 따위를 심었습니다. 신기하고 놀라운 풍경을 보여 주었던 자연은 이렇게 훼손되었고, 섬의 생물 다양성*은 완전히 달라져 버렸습니다.

1640년부터는 네덜란드 사람들도 모리셔스섬에 정착했습니다. 이들은 돼지와 원숭이를 데려왔고, 심지어 쥐까지 섬에 들여놓고야 말았습니다. 아무런 걱정 없이 땅바닥에 둥지를 틀고 살았던 도도는 섬에 침입한 외부 동물들이 자신의 알을 도둑질하는 것을 그저 지켜볼 수밖에 없었습니다. 이 침입종**들은 순식간에 자신의 보금자리를 만들고는 먹이를 두고 도도와 경쟁을 벌였습니다.

도도는 모리셔스섬에서 인간의 발길이 거의 닿지 않은 가장 깊은 숲속으로 도망쳤습니다. 도도가 점점 더 줄어들자 번식률도 감소했습니다. 도도는 섬에서 짝을 찾기가 더욱 어려워졌습니다.

1693년에는 프랑수아 르구아라는 프랑스 사람이 이 섬을 방문했습니다. 그는 모리셔스섬에 사는 고유종 동물의 목록을 작성했고, 1708년에 발간한 여행기에 이를 실었습니다. 그 목록에는 도도의 이름이 없었습니다.

도도가 발견되고 완전히 멸종할 때까지 약 180년이 걸렸습니다. 매우 짧은 그 시간 동안, 다음과 같은 일이 일어났습니다.

 **1507년** 포르투갈 사람들이 모리셔스섬을 발견하다.

 **1598년** 네덜란드 항해자 야코프 네크가 이 섬의 이름을 모리셔스라고 짓다.

 **1599년** 야코프 네크가 네덜란드로 돌아가서 도도에 관한 글을 쓰다.

 **1638년경** 영국 작가 해먼 레스트레인지가 런던에서 도도를 보다.

 **1640년경** 도도의 알을 빼앗아 가는 멧돼지와 원숭이 등 외부 동물들이 섬에 들어오다.

 **1662년** 네덜란드 선원 폴커르트 에버르츠가 탄 배가 모리셔스섬 근처에서 난파하다. 그는 모리셔스섬보다 작은 섬에서만 도도를 보았다고 기록하다.

 **1693년** 프랑수아 르구아가 모리셔스섬에 도착하다. 여행기에서 이 섬에 사는 동물들을 목록으로 작성하다. 여행기에는 도도의 이름이 없다.

---

* 생물 다양성이란 한 지역 안에 살고 있는 생물의 종류가 다채롭고 다양하다는 뜻입니다. 동식물의 종이 다양할수록 생물 다양성 지수가 높아집니다.

** 침입종은 우연히 새로운 환경에 들어가거나 인간이 데려온 동식물종을 가리킵니다. 침입종은 지금까지의 안정된 환경을 깨고 고유 동식물에 해를 입힙니다. 고유 생물 가운데 몇몇 생물이 침입종에 의해 멸종하는 일이 종종 일어납니다.

31. 모리셔스섬의 빛깔

모리셔스섬은 역사가 급격하게 변화하는 가운데 엄청난 변화를 겪었습니다. 인간이 나무를 베어 내고 숲을 밭으로 일구면서, 수많은 고유 생물종이 멸종했습니다. 하지만 여전히 모리셔스섬에는 감탄을 자아내는 자연의 보물들이 많이 남아 있습니다. 나비, 잠자리와 같은 여러 곤충들이 한가롭게 날아다니지요. 또한 장지뱀, 텔페어도마뱀, 카멜레온과 같은 파충류도 있고요.

모리셔스섬의 바다에는 인상적인 해양 동물이 많이 살고 있습니다. 큰돌고래와 긴부리돌고래가 물속을 돌아다니지요. 해양 보호 구역인 블루베이에는 커다란 산호초 군락이 있는데, 불산호, 근생목, 버섯산호 등이 자라고 있지요. 이 산호들 사이로 성게, 불가사리, 두동가리돔, 점쏠배감펭, 민대구 등이 헤엄쳐 다닙니다. 주의해야 할 해양 동물들도 있습니다. 특히 상어와 스톤피시는 굉장히 위험합니다. 스톤피시 몸에는 독 가시가 열세 개 있는데, 이 가시에 찔리면 죽을 수도 있답니다.

한때 모리셔스섬에는 마흔다섯 종의 새들이 살았다고 합니다. 그런데 인간이 이 섬에 정착한 이후로 스물네 종의 새들이 사라졌습니다. 그 대신 외부에서 다른 새들이 들어왔습니다. 살아남은 새들은 도도처럼 멸종하기 전에 보호를 받고 있습니다. 물론 현재까지 살아남은 고유종 새들도 있습니다. 모리셔스동박새, 모리셔스포디, 모리셔스나이팅게일, 모리셔스황조롱이, 분홍비둘기 등은 천만다행으로 지금도 여전히 섬에 살고 있습니다.

나무를 비롯한 다른 식물도 인간이 저지른 환경 파괴로 고통받고 있습니다. 평생 단 한 번 꽃을 피우는 탈리폿 야자나무, 아마존이 원산지인 빅토리아 연꽃, 일명 소시지 나무라 불리는 키겔리아 나무, 열두 종의 야자나무 등등은 고된 시간을 견디며 지내다, 이제는 팜플무스 식물원에서 보호받으며 자라고 있습니다. 물론 진홍색의 꽃잎이 너무나 아름다워 불꽃 나무라고도 불리는 봉황목, 불가사의한 매력의 붉은 꽃잎을 피우는 부상화처럼 이루 말할 수 없이 아름다운 식물들이 여전히 야생에서도 자라고 있지요.

섬의 대지는 다양한 꽃들로 덮여 있습니다. 현지인들이 "귀걸이 나무"라 부르는 트로케티아 보우토니아나 꽃은 도도처럼 모리셔스섬의 상징입니다. 꽃잎이 빨강, 주황, 노랑 세 종류로 피어나는 안수리움도 있는데, 커다란 모습 때문에 세계적으로 유명하지요. 빅토리아 수련, 연꽃, 히비스커스 부겐빌레아 등 다양한 꽃들도 섬에서 만날 수 있습니다.

32. 자연 과학자 마리아 지빌라 메리안

자연 과학자는 직업으로든 취미로든 식물학, 동물학, 광물학, 천문학 등에 순수한 열정을 갖고 과학적 방법론에 따라 자연 연구에 몰두하는 과학자입니다. 자연 과학자는 탐사하고, 여행하고, 식물과 나무, 천연자원을 실험하고, 연구실이나 집에서 연구를 합니다. 또 책이나 강의를 통해 자신의 지식을 사람들에게 전달하기도 하지요. 수천 년 전부터 자연 과학은 존재했습니다. 자연을 연구한 수많은 사람들이 있었지요. 가장 유명한 과학자들 가운데 몇몇 사람은 이 책에도 등장합니다.

마리아 지빌라 메리안은 자연 과학자이자 화가, 탐험가였습니다. 1647년 프랑크푸르트암마인에서 태어나 1717년 암스테르담에서 세상을 떠났지요. 곤충을 연구했을 뿐만 아니라 꽃과 식물 연구에서도 재능을 펼쳤습니다. 또한 어린 시절부터 동판화와 삽화에도 흥미가 있었습니다. 열세 살 무렵, 마리아는 누에를 관찰하기 시작했습니다. 누에가 어떻게 행동하고 어떻게 먹이를 먹는지 어른 못지않게 매우 정확하게 연구했지요. 그리고 누에가 유충에서 성충으로 변태하는 모습을 보고 큰 감동을 받았습니다.

나는 어린 시절부터 곤충 연구에 매진했다. 먼저 고향 프랑크푸르트암마인에서 누에를 연구했다. 그 뒤에는, 누에 유충에서 누에나방이 나오는 것처럼, 그보다 훨씬 아름다운 나비와 나방도 역시 유충에서 나온다는 사실을 깨달았다. 이 사실에 자극을 받아 나는 다른 유충의 변태를 관찰하기로 결심했고, 내가 찾을 수 있는 모든 유충을 수집하기 시작했다.

《수리남 곤충의 변태》(1705년)의 서문에서

마리아 지빌라 메리안은 결혼해서 두 딸을 낳았습니다. 5년간 나비 유충의 변태에 대해 연구한 뒤 1679년 《애벌레의 경이로운 변태와 그의 특별한 먹이들 1권》을 출간했습니다. 마리아는 더 많은 책을 썼고 책에 자신의 동판화도 함께 실었습니다. 정밀하게 새겨진 동판화는 밝은색으로 인쇄되어 무척 아름다웠지요. 마리아는 당시 사람들의 눈에는 평범해 보이지 않았습니다. 당시에는 여성이 결혼을 하면 거의 집안에만 머물렀기 때문입니다. 하지만 마리아는 다른 삶을 선택했습니다. 남편과 헤어지고 두 딸과 함께 네덜란드로 건너간 것입니다. 그곳에서 여러 과학자와 조개 수집가 들과 사귀게 되면서, 생명의 순환과 변태에 대한 연구를 계속했지요. 마리아는 쉰두 살이 되자, 딸 한 명과 함께 남아메리카로 거처를 옮겼습니다. 알려지지 않은 곤충을 연구하기 위해서였지요. 모험심이 가득했던 마리아는 남아메리카 북부의 수리남 정글을 탐험했고, 거미, 개미, 개구리, 뱀, 도마뱀, 유충, 벌레, 구더기, 나비, 딱정벌레, 벌, 파리 등 여러 동물들에 대해 기록했습니다. 그리고 1705년, 드디어 이 흥미로운 탐험 이야기를 담은 놀라운 책을 암스테르담에서 출간하지요.

33. 멸종 동물이 다시 부활한다면

자연 과학과 의학 연구는 굉장히 많이 발전했습니다. 최근에는 동물을 복제*하는 일까지도 가능해졌으니까요. 1996년 이후, 살아 있는 다양한 동물이 복제되었습니다. 그렇다면 복제를 통해 멸종 동물을 다시 살아나게 할 수도 있을까요?

사실 멸종 동물은 아주 특별한 상황에서만 부활할 수 있습니다. 우선 과학자에게 손상되지 않은 온전한 DNA**를 가진 세포가 필요합니다. 하지만 이런 세포를 확보하는 일은 대단히 어렵지요. 멸종 동물의 뼈가 많이 남아 있지 않거나, 있다 하더라도 시간이 지나면서 유전자가 파괴되어 동물 복제가 매우 까다로워지기 때문입니다.

산양의 한 종류인 피레네 아이벡스는 세계 최초로 다시 소생한 유일한 멸종 동물입니다. 피레네 아이벡스는 공식적으로 2000년에 멸종했습니다. 마지막 아이벡스가 죽기 전, 과학자들은 연구 목적으로 피부 한 조각을 떼어 내 냉동 상태로 보관했습니다. 이 덕분에 2009년 피레네 아이벡스의 새끼가 복제되어 태어날 수 있었습니다. 일반적으로 멸종 동물을 다시 소생시키는 방법은, 멸종 동물의 유전자를 다른 동물의 난세포에 이식하는 것입니다. 피레네 아이벡스의 경우, 염소의 난세포가 사용되었습니다(매머드를 복제할 때에는 코끼리의 난세포를 사용할 것이라고 알려져 있습니다). 하지만 피레네 아이벡스의 새끼는 안타깝게도 태어난 지 불과 몇 분 만에 호흡 문제로 세상을 떠났습니다. 피레네 아이벡스는 다시 멸종하고 말았습니다.

그런데 멸종 동물을 꼭 다시 소생시켜해야만 할까요? 도도가 복제되어 다시 모리셔스섬의 백사장을 거닐었으면 하는 희망을 꼭 가져야만 할까요? 이 질문은 매우 기본적이지만 결코 가볍지 않은 중요한 다른 질문으로 이어집니다. "인간은 기술로 어느 정도까지 자연에 개입할 수 있을까?" 이 질문의 답은, 생명과 자연을 어떻게 바라보느냐에 따라 달라지겠지요. 우선 복제 연구에는 많은 비용이 듭니다. 어쩌면 아직 야생에 살고 있으면서 멸종의 위협을 받고 있는 동물들을 보호하는 일에 그 돈과 시간을 투입하는 것이 더 나을 수도 있을 거예요. 수천 년 전에 이미 멸종한 동물을 다시 부활시켰다고 가정해 볼까요? 복제된 동물은 살아남는 데 어려움을 겪게 될 거예요. 그동안 자연과 주위 환경이 바뀌었고 그에 따라 동물 세계도 커다란 변화를 겪었기 때문입니다. 또한 복제된 동물은 DNA가 변형되었기 때문에, 몸이 약하고 건강하지 못할 수 있습니다. 마지막으로, 만약 복제된 동물이 살아남아서 스스로 번식을 하려면, 같은 종의 동물이 더 많이 있어야만 합니다.

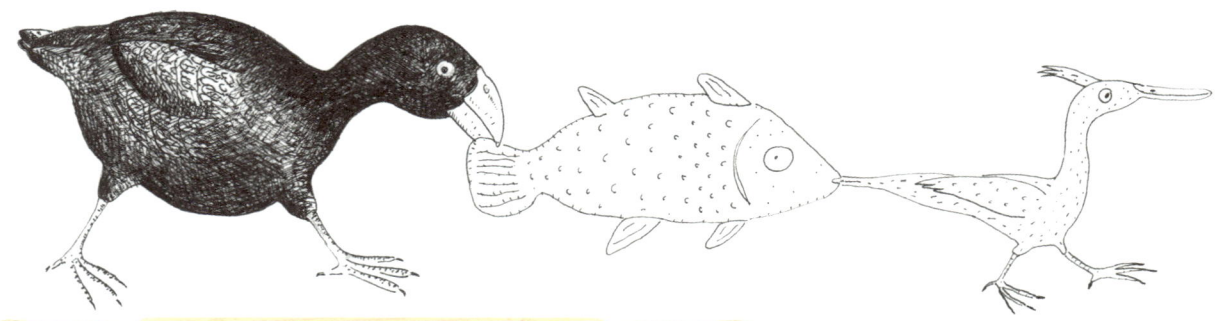

* 복제란 유기체, 즉 생명체의 가장 작은 세포와 DNA까지 똑같이 복사하여 또 다른 유기체를 만들어 내는 것을 뜻합니다. 식물 복제는 식물을 꺾어 새로 뿌리를 내리는 방식으로 수천 년 전부터 이어져 왔습니다. 하지만 동물 복제는 이전에는 없었던 완전히 새로운 영역으로, 아직은 신뢰받지 못하고 있습니다. 동물을 복제할 때는 체세포의 핵을 다른 동물의 난세포에 이식하고, 이 난세포를 또 다른 자궁에 심습니다. 인간 복제는 잘못된 방향으로 발전될 가능성이 있고, 인간 개개인의 개성과 유일함을 존중하기 위해 오늘날까지 금지되고 있습니다.

** DNA는 데옥시리보 핵산(Deoxyribo nucleic acid)의 줄임말입니다. 체형, 눈동자와 머리카락 색깔 등 생명체의 모든 유전 정보가 담겨 있는 화학 분자입니다.

멸종한 동물을 부활시키는 것은 인간의 당연한 의무라고 생각하는 사람들도 있습니다. 그렇게 해야만 생물의 다양성을 높일 수 있다고 생각한 것이죠. 또한 다시 부활하여 완전히 새롭게 태어난 생명체들은 현재 살아 있는 생명체들과 함께 지구 생태계가 유지되는 데 도움을 줄 것이라고 낙관적으로 미래를 전망하기도 합니다. 다시 부활한 털매머드가 발을 구르며 봄철 농사를 대비하는 농부처럼 땅을 파 뒤집고, 천연 비료를 배설해 토양의 질과 생산력을 높여 준다면, 시베리아 툰드라의 초원 지대가 비옥한 목초지로 바뀔지도 모르는 일이지요.

멸종한 동물종이 드물게 다시 발견되는 경우도 있습니다. 대부분은 우연히 발견되었습니다. 뉴질랜드의 새 타카헤가 그 대표적인 예입니다. 타카헤는 1894년에 멸종한 것으로 여겨졌지만, 1948년 원주민인 마오리족이 잡아먹기 위해 사냥한 것을 탐험대가 발견했지요. 처음에는 몇 마리만 발견되었지만, 보호 구역을 지정한 뒤 지금은 거의 400마리의 타카헤가 살고 있답니다! 선사 시대의 물고기처럼 보이는 실러캔스 또한 얼마 전까지만 해도 멸종했다고 여겨졌지요. 단지 화석을 통해서만 모습을 볼 수 있었으니까요. 하지만 실러캔스가 멀쩡히 대양을 누비며 다니고 있다는 사실이 밝혀졌습니다. 지금도 바닷속에서 유유히 헤엄치고 있을 거예요. 상아부리딱따구리도 1944년부터 아무런 흔적도 보이지 않아 멸종한 것으로 여겨졌지만, 얼마 전 미국 아칸소주 숲속에서 목격되었습니다!

34. 스텔러바다소

1741년 독일 자연 과학자 게오르크 빌헬름 슈텔러는 덴마크의 탐험가 비투스 베링이 이끄는 탐사대에 참여했습니다. 탐사를 끝내고 돌아오는 길에, 이들이 탄 배가 난파해 어떤 섬에 닿았는데 이곳에서 슈텔러는 놀라운 동물을 발견했습니다. 바로 스텔러바다소 (학명: Hydrodamalis giga)였습니다.

스텔러바다소는 바다에 사는 거대한 포유동물로, 듀공과에 속합니다. 길이가 약 9미터, 무게는 10톤 정도나 되었습니다.

북태평양에서 발견될 당시에도 살아남은 스텔러바다소는 많지 않았습니다. 스텔러바다소의 화석을 연구한 결과, 사람들은 이 바다소가 일찍이 멕시코 연안에서 일본에 이르는 알류샨 열도에 걸쳐 살았다는 것을 알아냈지요.

스텔러바다소는 몸통 색깔이 옅은 갈색이었습니다. 주로 해초를 먹고 살았지요. 새끼를 많이 낳지 않았고, 성격도 온순해서 천천히 헤엄을 쳤습니다. 그래서 자주 위험한 상황에 처했고, 사람들에게도 쉽게 잡혔습니다.

사람들은 스텔러바다소를 사냥하기 시작했습니다. 북태평양의 차가운 기후를 견뎌 내도록 도와주었던 바다소의 지방은 식용으로도 사용되었고, 등잔 기름으로도 활용되었습니다. 바다소의 고기는 사람들의 식탁에 올랐습니다. 우유는 맛이 좋아 비싼 값에 거래되었지요. 27년 동안 스텔러바다소 사냥은 계속되었습니다. 결국 1768년, 마지막 스텔러바다소가 북태평양에서 죽음을 맞았습니다.

35. 코끼리새

코끼리새들은 먼 옛날 지구에서 살았던 새들 가운데 가장 컸습니다. 학명은 에피오르니티대(코끼리새과, Aepyornithidae)입니다. 코끼리새과에는 세 개의 속, 에피오르니스(Aepyornis), 물레로르니스(Mullerornis), 보롬베(Vorombe)가 있고, 다시 각각의 종으로 나누어지지요. 코끼리새과 가운데 가장 몸집이 큰 새는 에피오르니스 막시무스(Aepyornis maximus)로, 높이가 3미터에 이르고 몸무게는 400킬로그램까지 나갔습니다. 이들에게 코끼리새라는 이름이 붙은 이유는 엄청나게 큰 발톱 때문입니다. 코끼리의 발이 연상될 정도로 커다란 발톱은 자신을 방어하는 무기로 쓰였지요. 코끼리새들은 마다가스카르섬에서 살았는데, 도도의 고향 모리셔스섬까지 터전을 넓히지는 않았습니다. 빙하기가 끝나갈 무렵, 인간은 마다가스카르섬으로 이동했다가 처음 코끼리새들과 만났습니다.

코끼리새들이 언제까지 살아 있었는지는 정확히 알려지지 않았습니다. 1천 년 전에는 분명 살아 있었다고 해요. 코끼리새들 역시 도도처럼 17세기에 멸종했을 것이라고 주장하는 과학자도 있습니다.

코끼리새들의 역사는 도도의 운명과 무척 비슷합니다. 코끼리새들도 도도와 마찬가지로 날지 못했습니다. 날개는 짧고 몸무게는 너무 무거웠기 때문입니다. 과실을 주로 먹었고, 인간이 섬에 들어오기 전에는 천적도 없었습니다.

코끼리새들 역시 인간에게 너무나 쉽게 잡혔습니다. 코끼리새 알 하나면 온 가족이 배불리 먹을 수 있었지요. 코끼리새처럼 거대하고 날지 못한 새 중에는 모아도 있습니다. 모아 역시 한때 뉴질랜드에 살았고, 마찬가지로 오늘날 멸종했습니다.

36. 붉은 레일

깃이 불그스름해서 '붉은 레일'이라는 이름이 붙은 새가 있었습니다. 이 새는 도도와 비슷한 시기에 멸종했지요. 그런데 도도와는 달리 붉은 레일의 이야기는 세상에 많이 알려지지 않았습니다. 볼품없이 구부러진 부리와 괴상한 겉모습으로 유명한 도도와 비교하면 눈에 띄는 점이 별로 없었기 때문일까요? 붉은 레일은 세상 사람들에게 쉽게 잊혔습니다.

붉은 레일(학명: Aphanapteryx bonasia)은 닭보다 조금 더 큰 새였습니다. 부리는 길고 살짝 휜 모양이었고, 다리는 검고 얇았습니다. 이 새 역시 도도처럼 날지 못했지요. 붉은 레일의 짧은 날개는 꼬리와 마찬가지로 적갈색에서 붉은색까지 다양한 빛이 도는 깃털 안에 숨겨져 있었습니다. 몇몇 그림을 통해 알 수 있듯, 머리에도 짧은 깃이 나 있었지요.

1693년, 모리셔스섬에 도착한 프랑스 탐험가 프랑수아 르구아는 붉은 레일이 점점 더 희귀해지고 있다고 보고했습니다. 탐험가의 눈으로 직접 붉은 레일을 목격하고 묘사한 것은 그때가 마지막이었습니다. 붉은 레일은 1700년경 멸종하고 말았지요.

붉은 레일은 도도처럼 순진해서 인간을 두려워하지 않았습니다. 너무 쉽게 인간에게 잡혔고, 날지도 못해 위험을 피해 달아날 수도 없었습니다.

37. 콰가얼룩말

콰가얼룩말(학명: Equus quagga quagga)은 우리가 흔히 알고 있는 얼룩말처럼 보이지만, 엉덩이에 얼룩무늬가 없는 것이 특징입니다. 신비한 모습이지요? 성격이 온순했던 이 얼룩말도 여느 동물처럼 멸종했습니다. 콰가얼룩말은 남아프리카의 초원 지대에서 살았는데, 이곳은 아프리카 대륙에서 가장 건조한 지역으로 알려져 있습니다. 콰가얼룩말은 다리는 우아한 흰색이고, 몸통은 베이지색입니다. 머리에서부터 등 중간까지만 얼룩말과 비슷하게 짙은 갈색 줄무늬가 있었습니다.

아프리카를 방문한 유럽 사람들은 콰가얼룩말을 사냥해서 고기를 먹었고, 털가죽으로는 손가방을 만들었습니다. 마지막까지 야생에서 살았던 콰가얼룩말은 1878년 인간의 손에 죽었습니다. 몇 마리는 런던과 암스테르담의 우리에 갇혀 살아가다가, 1883년 마침내 죽고 말았지요.

멸종한 동물들 가운데 최초로 DNA 분석을 행한 동물이 바로 콰가얼룩말입니다. 1990년대 초반부터 과학자들은 콰가얼룩말을 다시 소생시키기 위해 복제 연구를 시작했습니다. 콰가얼룩말 복제를 위해 사바나얼룩말 가운데 줄무늬가 별로 없는 얼룩말만을 선택해 키웠습니다. 미래에 태어날 이 새로운 얼룩말은 콰가얼룩말과 매우 비슷하게 보이겠지만 완전히 똑같지는 않을 것이라고 해요. 이 얼룩말은 이미 '라우콰가'라는 이름도 있습니다.

38. 태즈메이니아늑대

태즈메이니아늑대는 호랑이처럼 몸에 줄무늬가 있는 포유동물입니다. 오스트레일리아 남쪽에 있는 태즈메이니아섬에서 살았지요. 그래서 이 늑대를 태즈메이니아늑대(학명: Thylacinus cynocephalus)라고 하지요. 주머니늑대 또는 태즈메이니아호랑이라고 불리기도 합니다. 태즈메이니아늑대는 주머니에 새끼를 넣어 키우는 육식성 유대류인데, 비슷한 포유동물 가운데 크기가 가장 컸습니다.

유대류의 암컷은 육아낭이라 불리는 배의 주머니 안에서 새로 태어난 새끼를 키웠습니다. 새끼는 캥거루 새끼처럼 너무나 작아 육아낭에서 키울 수밖에 없었지요. 유대류는 일찍부터 오스트레일리아와 근처의 섬에서 살았습니다. 가장 잘 알려진 유대류로는 캥거루, 코알라, 웜뱃, 왈라비, 태즈메이니아데빌, 쿠스쿠스 등이 있습니다.

태즈메이니아늑대의 털가죽은 베이지색과 옅은 갈색, 짙은 갈색을 띱니다. 등과 허리에는 줄무늬가 있고, 배는 하얀 크림색이지요. 꼬리는 좀 긴 편이고, 귀는 둥근 모양으로 곧게 세워져 있습니다. 몸길이는 1~2미터 정도이고 평균 수명은 6년 정도라고 해요. 태즈메이니아늑대는 늑대와 비슷하게 생기긴 했지만 결코 늑대와 유사종은 아닙니다. 이런 현상을 수렴 진화*라 하지요. 이렇게 다른 핏줄로 태어난 서로 다른 동물이 비슷한 모습을 하고 비슷한 행동을 하는 이유는, 멀리 떨어져 있지만 비슷한 환경에서 살며 적응했기 때문입니다. 태즈메이니아늑대와 같은 목에는 별명이 주머니 악마인 태즈메이니아데빌이 있습니다. 태즈메이니아데빌도 태즈메이니아늑대와 마찬가지로 육식성 유대류로, 태즈메이니아늑대가 마지막까지 살았던 태즈메이니아섬에서만 살았습니다. 태즈메이니아늑대와 달리, 태즈메이니아데빌은 다행히 멸종 전에 보존될 수 있었고, 1941년에 보호 종으로 공표되었습니다.

태즈메이니아늑대의 멸종은 무엇 때문이었을까요? 인간이 사냥을 일삼은 결과였습니다.

마지막 태즈메이니아늑대는 태즈메이니아주에 있는 한 동물원에서 돌봄도 받지 못한 채 추위에 떨고 갈증에 몸부림치다 1936년에 죽고 말았습니다.

* 수렴 진화는 서로 다른 동물종이 완전히 다른 시간대와 다른 장소에 살면서도 서로 비슷한 행동 방식을 보이고 겉모습도 서로 비슷하게 발달하는 신비로운 현상을 일컫는 말입니다. 태즈메이니아늑대와 늑대, 북극곰과 눈표범의 하얀 털가죽, 새와 박쥐의 날개가 좋은 예입니다. 또한 서로 멀리 떨어져 있는 동물종들에게서도 공통점이 발견되는데, 이것도 마찬가지로 수렴 진화로 볼 수 있어요. 수렴 진화는 결코 우연히 일어나지 않습니다. 비슷한 환경에 적응하느라 진화의 과정을 거쳤기 때문에 가능한 일이지요.

39. 멸종 위기에 처한 동물들이 그려진 세계 지도

이 지도를 보면, 세계 곳곳에 멸종 위기에 처한 동물들이 있다는 사실을 알게 됩니다. 이 동물들은 위급, 위기, 취약, 취약근접 순서로 분류되어 있습니다. 물론 이보다 더 많은 동물들이 멸종 위협에 노출되어 있다고 합니다.

1. 바다코끼리(취약)
2. 향고래(취약)
3. 중국 악어(위급)
4. 멕시칸레드니거미(취약근접)
5. 오악사카벌새(위기)
6. 흰목왕부리새(취약)
7. 리어스마카우앵무새(취약)
8. 볼리비아친칠라쥐(위급)
9. 늑대(유럽 일부분에서 취약)
10. 흰죽지수리(취약)
11. 대서양철갑상어(위급)
12. 이베리아스라소니(위기)
13. 베이사오릭스(위기)
14. 소말리아타조(취약)
15. 하마(취약)
16. 치타(취약)
17. 검은코뿔소(위급)
18. 아프리카코끼리(취약)
19. 마운틴고릴라(위급)
20. 이집트땅거북(위급)
21. 호랑이(위기)
22. 매부리바다거북(위급)
23. 말레이천산갑(위급)
24. 수마트라오랑우탄(위급)
25. 붉은관유황앵무(취약)
26. 코뿔새(취약)
27. 대왕조개(취약)
28. 몬티포라 스틸로사(위급)
29. 큰귀상어(위급)
30. 아시아코끼리(위기)
31. 대왕판다(취약)
32. 북극곰(취약)
33. 눈표범(취약)
34. 대왕고래(위기)
35. 자이언트수달(위기)
36. 무지개아마존앵무(취약)
37. 대서양참다랑어(위기)
38. 백상아리(취약)
39. 이라와디돌고래(취약)
40. 큰양놀래기(위기)
41. 러스티패치드뒤영벌(위급)

40. 대왕판다

대왕판다는 거대판다 또는 판다곰으로도 불립니다. 중국에서는 대나무판다, 큰고양이곰이라고도 불리지요. 대왕판다는 먹고 자고, 먹고 자고를 반복하면서 대부분의 시간을 보냅니다. 주로 대나무를 먹는데, 놀랍게도 하루에 무려 열네 시간을 먹는 데 쓴답니다! 하루에 먹는 양도 25~30킬로그램에 달합니다.

판다는 홀로 지내는 것을 좋아합니다. 몸무게는 대략 120킬로그램 정도 나가고, 머리에서 꼬리까지 길이는 약 170센티미터입니다. 판다는 여섯 개의 발가락이 달린 앞발로 손쉽게 대나무 가지를 작게 부러뜨려 먹습니다. 작게 부러뜨리는 이유는 잘 소화시키기 위해서지요. 판다는 일 년에 한 번 새끼를 가질 수 있습니다. 암컷은 대부분 새끼를 한 마리 낳아 홀로 키웁니다. 갓 태어난 판다 새끼는 무척 작아서 앙증맞습니다. 몸무게가 겨우 80그램 정도이고, 몸에는 털이 거의 없지요.

판다는 중국 숲속에서도 편히 살지 못합니다. 비록 숲속에서 보호받고 사냥도 엄격하게 금지되어 있긴 해도, 사람들이 숲을 없애 논이나 밭으로 만들기도 하고, 건물을 짓기도 하면서 판다의 보금자리인 대나무 숲이 계속 줄어들고 있기 때문입니다. 서식지가 위협받고 있기 때문에 판다는 어려움에 처해 있지요. 먹이를 구하는 일뿐만 아니라 삶의 터전인 숲속에서 짝을 찾아 번식하여 계속 생존하는 일도 전보다 더 힘들어졌습니다. 야생에 남아 있는 판다는 겨우 2000여 마리에 불과하다고 합니다!

숲속에서 사는 판다를 제외한 나머지 판다들은 동물원에서 살고 있습니다. 동물원에서 사는 대왕판다는 평균 수명이 25년으로, 야생에서 사는 대왕판다의 평균 수명 15년보다 훨씬 더 깁니다. 알려진 바에 따르면, 가장 나이가 많은 판다는 이름이 지아지아인데, 중국 동물원에서 38년째 살고 있다고 합니다. 하지만 동물원에서 사는 판다는 짝짓기를 하고 새끼를 낳는 일이 더욱 어렵습니다. 또한 제한된 환경에서만 지내야 하기 때문에, 야생에서처럼 넓고 자유롭게 돌아다닐 수도 없지요.

티베트와 중국에서는 다음과 같은 판다의 전설이 전해 내려옵니다. 판다에게 어떻게 검은 반점이 생겼는지를 알려 주는 이야기랍니다.

아주 오래전, 높은 산속에는 판다 부족이 살았습니다. 이 판다 부족은 눈처럼 하얬습니다. 그래서 누구의 눈에도 띄지 않고 평화롭게 숨어 살 수 있었지요. 판다들은 음식을 먹고 난 후 잠을 잤습니다. 잠이 깨면 또 다시 먹고 다시 잠이 들었지요. 매일 똑같은 하루하루였지만 평화로운 날들이었습니다. 판다 부족은 행복하게 살았고, 부족한 것이 없었습니다. 어느 날 꼬마 판다가 숲속 깊이 들어가는 바람에 길을 잃고 말았습니다. 판다는 무섭고, 슬프고, 외로워서 울고 말았습니다. 하지만 이 눈물 때문에 판다는 배고파서 주위를 어슬렁거리던 사나운 눈표범에게 들키고 말았습니다. 눈표범은 판다에게 달려들어 잡아먹으려 했습니다. 그때, 우연히 이 모습을 본 양치기 여자가 판다를 구해 주었지요. 하지만 여자는 눈표범과 싸움을 벌이다 끝내 죽고 말았습니다. 여자의 희생 덕분에 목숨을 구한 꼬마 판다는 집으로 돌아가 자신이 겪은 일을 다른 판다들에게 알렸습니다. 판다 부족은 꼬마 판다의 목숨을 구해 준 여자에게 감사 인사를 하고, 여자의 희생을 기리기 위해 불을 지폈습니다. 여러 날 동안 판다들은 여자를 생각하며 울었습니다. 이때 식어 버린 재가 판다들의 앞발에 닿았습니다. 판다들은 재가 묻은 앞발로 눈물을 닦았고, 울음소리를 듣지 않으려고 귀를 막고, 울고 있는 다른 판다를 위로하려고 서로를 껴안았습니다. 그날 이후로 판다의 몸에는 재가 지워지지 않고 검은 반점으로 남았습니다. 우리가 알고 있는 판다의 모습이 된 것이죠.

세계자연보전연맹(IUCN)은 전 세계의 자연과 자원을 보호하기 위해 설립된 국제기구입니다. 멸종 위기에 처한 동식물을 위험 정도에 따라 아홉 단계로 나눈 보고서, '적색 목록'을 발표해 동식물의 실태를 파악하고 보호하고 있어요.

멸종(Ex. Extinct)
마지막 생명체가 사라져 이 세상에 단 하나도 남지 않은 동식물

야생멸종(EW. Extinct in the Wild)
야생에서 사라져 동물원이나 식물원에서 인간에 의해 보호받고 있는 동식물

위급(CR. Critically Endangered)
야생에서 빠른 속도로 사라지고 있어 곧 멸종할 위기에 처한 동식물

위기(EN. Endangered)
가까운 미래에 야생에서 멸종할 가능성이 매우 높은 동식물

취약(VU. Vulnerable)
야생에서 몇 달 혹은 몇 년 안에 멸종 위기에 처할 가능성이 있는 동식물

취약근접(NT. Near Threatened)
미래에 취약 등급으로 포함될 가능성이 있는 동식물

관심필요(LC. Least Concern)
위의 등급에 포함되지는 않았지만 위험에 처해 있어 관심을 가지고 지켜봐야 할 동식물

41. 파튤라달팽이

파튤라달팽이들은 열대성 달팽이속에 속합니다. 수많은 파튤라종이 '위급' 단계로, 멸종 위기에 처해 있습니다. 그중 몇몇 종은 이미 지구에서 사라져 버렸지요.

이 멸종의 역사는 인간의 어리석음과 무지로 인해 일어난 비극적인 사건입니다. 모든 일은 1967년 한 프랑스 사람이 아프리카대왕달팽이(학명: Lissachatina fulica)를 타히티섬으로 데려왔을 때 시작되었습니다. 그 사람은 달팽이를 키우려 했지만 실패하고 말았고, 대신 아프리카대왕달팽이는 타히티의 자연 생태계에 빠른 속도로 퍼져 나가고 말았지요. 이 달팽이 때문에 타히티의 농업과 생태계는 위험에 빠졌습니다. 타히티 정부는 아프리카대왕달팽이를 퇴치하기 위해 북아메리카에서 육식성인 붉은늑대달팽이(학명: Euglandina rosea)를 데려왔습니다. 달팽이 전쟁이 시작된 것입니다! 붉은늑대달팽이는 아프리카대왕달팽이보다는 연약한 파튤라달팽이들을 더 많이 잡아먹어 버렸습니다. 재앙이 따로 없었지요!

120종의 파튤라달팽이들 가운데 50종이 사라져 버렸습니다. 1980년대에 이르자, 과학자들은 멸종하기 직전의 달팽이들을 수집해서 동물원에서 기르기 시작했습니다. 1994년부터 달팽이종을 보호하는 프로그램이 실행되었습니다. 동물학자들은 원래 환경으로 돌려보내기 전까지 파튤라달팽이 16종을 키웠습니다. 이 달팽이들은 야생에서 잘 살아갈 가능성이 큽니다. 이제 인간은 자신의 잘못에서 많은 것을 배웠기 때문이지요.

42. 큰귀상어

큰귀상어(학명: Sphyrna mokarran)는 귀상어과에서 가장 몸집이 큽니다. 길이는 3~6미터에 달하고 몸무게는 600킬로그램까지 나가지요. 큰귀상어는 몸통이 길쭉하고 머리는 납작하며 주둥이는 앞으로 나와 있고 눈은 양 옆으로 떨어져 있습니다. 이처럼 범상치 않은 외모 덕분에 시야가 360도에 가까울 정도로 넓다고 해요.

큰귀상어는 열대 바다뿐만 아니라 지중해, 홍해에서도 살고 있습니다. 또한 독거성 동물로, 홀로 지내는 것을 좋아하지요. 해저 밑바닥에 있는 먹이를 찾아 헤매는 끈기 있는 사냥꾼이기도 합니다. 큰귀상어는 서른일곱 살까지 살 수 있는데, 상어치고는 굉장히 오래 사는 편입니다. 모든 귀상어가 그렇듯

큰귀상어도 여섯 번째 감각을 갖고 있습니다. 이 감각은 머리 앞부분에 있는 '로렌치니 기관'이 담당하고 있지요. 상어, 가오리, 은상어에게도 로렌치니 기관이 있는데, 머리 앞부분의 피부, 특히 주둥이 주변 피부에 집중되어 있습니다. 겉으로 보기에는 마치 작은 구멍이 나 있는 것처럼 보이지요. 이 감각 기관은 1678년에는 스테파노 로렌치니가 발견했습니다. 1960년에는 오랜 연구 끝에 큰귀상어가 이 감각 기관을 통해 물속에서 전기장과 열 변화를 감지할 수 있다는 사실이 처음으로 밝혀졌습니다. 놀라운 초능력이지요!

이 능력으로 귀상어들은 암석 사이에 숨어 눈에 잘 띄지 않는 물고기를 찾아낼 수 있습니다. 심지어 해저 모래 속에 숨어 있는 가오리도 찾아낼 수 있지요. 큰귀상어는 커다랗고 무시무시한 모습 때문에 공포의 대상이 되기도 합니다. 하지만 큰귀상어가 헤엄치는 사람을 공격하는 일은 잘 일어나지 않아요. 또 공격한다고 해도 그리 치명적이지 않고요.

그런데도 큰귀상어는 멸종 위기에 처해 있습니다. 사람들이 지느러미를 얻으려고 귀상어들을 사냥하기 때문입니다. 상어 지느러미는 요리 재료로 쓰이는데, 중국이나 베트남 같은 일부 국가에서는 귀상어 지느러미 수프가 매우 귀한 요리로 대접받고 있지요!

다행히도 귀상어 사냥을 금지하는 나라가 늘어나고 있어요. 지느러미 수프를 먹는 사람들도 점점 줄어들고 있고요. 그런데도 상어들은 여전히 생존 위협을 받고 있고, 이는 전 세계적으로도 큰 문제입니다. 여전히 많은 국가에서 상어를 사냥하는 일을 허용하기 때문이지요. 매년 7,500만 마리 이상의 상어들이 인간에게 잡히고 있습니다. 상어를 보호하려는 노력에도 불구하고, 여전히 어마어마하게 많은 상어들이 인간의 손에 죽어 가고 있습니다.

43. 모리셔스앵무새

에코앵무새라고도 불리는 모리셔스앵무새(학명: Psittacula eques echo)는 모리셔스섬의 고유종입니다. 레위니옹섬에는 모리셔스앵무새의 형제인 레위니옹목도리앵무새(학명: Psittacula eques eques)가 살고 있었는데, 안타깝게도 지금은 멸종했습니다. 레위니옹목도리앵무새는 부리가 짧고, 몸통은 아름답고 반짝반짝 빛나는 에메랄드색 깃털로 덮여 있었습니다. 수컷은 목에 마치 목도리처럼 검은 깃털이 나 있었고 주둥이는 빨간색이었지요. 이에 반해 암컷은 목도리가 없고 주둥이는 검은색이었습니다.

모리셔스앵무새가 어떻게 살아남았는지 살펴보면, 멸종 위기에 처한 생명체들을 어떻게 보호해야 할지 알게 됩니다. 1994년, 모리셔스앵무새는 전 세계에 불과 열두 마리밖에 남아 있지 않았습니다. 그래서 세계자연보전연맹(IUCN)의 적색 목록에서 '위급' 단계에 포함되어 있었지요. 20세기에 들어서 모리셔스앵무새의 수는 매우 빨리 줄어들었습니다. 모리셔스섬의 숲이 플랜테이션 농장으로 바뀌어 버린 시기였지요. 모리셔스 야생 동물 보호 단체(Mauritian Wildlife Foundation)와 같은 지역 기관들과 모리셔스섬의 동식물을 보호하려는 많은 후원자들이 모리셔스앵무새를 살리기 위해 애썼습니다. 둥지를 보호하고, 천적을 관리하고, 먹이를 제공하고, 숲을 가꾸는 등의 활동 덕분에 모리셔스앵무새는 야생에서 살아남을 수 있었습니다. 앵무새의 수는 750마리 이상 증가했고, 자연 보호 구역과 모리셔스섬의 퍼니탈 해변에서 아무런 위협 없이 평안히 살고 있습니다.

44. 동물학자 제인 구달

동물학자는 동물을 연구하는 과학자입니다. 동물학은 매우 오래된 자연 과학 분야로, 이미 고대부터 사람들은 동물에 관한 지식을 쌓았습니다. 동물학자는 동물의 생활 방식, 번식, 사회관계, 각 생체 기관의 기능, 환경에 적응하는 방식 등에 관심이 많습니다. 대부분의 동물학자는 새, 곤충, 물고기 등과 같은 특정 동물의 전문가이기도 합니다. 자연에서 야생 동물을 직접 연구하기도 하고, 산 채로 잡힌 동물이나 죽은 동물을 탐구하고 연구실에서 분석하기도 하지요. 그런 다음 이 모든 것을 정리하고 종합하여 전공 잡지에 논문을 기고하고 책으로 출간합니다.

동물학자이자 영장류학자인 제인 구달은 1934년 런던에서 태어났습니다. 특히 영장류 전문가이자, 포유 동물목의 전문가였지요. 포유동물목에는 유인원과 이와 관련된 종이 속해 있습니다.

제인 구달은 어린 시절부터 동물을 사랑했고, '주빌리'라는 이름의 침팬지 인형을 늘 가지고 다녔지요. 제인 구달은 스물네 살이 되던 해에 친구와 함께 케냐로 여행을 가서 한 고고학자를 만났습니다. 그 고고학자는 제인에게 함께 일하면서 침팬지를 연구하자고 했지요. 침팬지에게 감명을 받은 제인 구달은 자신만의 방식으로 연구를 시작했습니다. 정글에서 침팬지들과 함께 살기로 결정한 것이지요! 제인 구달은 탄자니아로 옮겨 간 다음, 그곳에서 20여 년 이상 침팬지를 연구했고, 놀라운 사실을 발견해 냈습니다. 제인 구달은 침팬지에게 각각 이름을 붙여 주었는데, 인간이 생각하는 것보다 침팬지가 훨씬 더 똑똑하다는 사실을 알아냈습니다. 또한 침팬지는 도구를 이용할 줄도 알았지요. 침팬지가 인간과 비슷한 감정(슬픔, 분노, 기쁨 등)을 느낀다는 사실도 밝혀냈습니다. 이뿐만 아니라, 침팬지가 웃고, 서로를 쓰다듬고, 입을 맞추고, 포옹하고, 간지럼을 피울 수 있다는 사실을 전 세계에 보여 주었습니다!

제인 구달은 야생 침팬지 보호 연구소를 세웠습니다. 사냥꾼에게 부모를 잃은 침팬지와 새끼 침팬지를 위해 보호 시설을 만들기도 했습니다. 어린 침팬지들은 자연으로 돌아가기 전까지 이곳에서 자라며 보살핌을 받았습니다.

동물학자는 다음과 같이 다양해요.
- **곤충학자** 곤충을 연구하는 곤충 전문가
- **조류학자** 새를 연구하는 조류 전문가
- **어류학자** 물고기를 연구하는 어류 전문가
- **포유류학자** 포유 동물을 연구하는 포유동물 전문가
- **양서파충류학자** 파충류와 양서류를 연구하는 양서파충류 전문가

이 외에도 수많은 종류의 동물을 전문으로 연구하는 동물학자들이 있어요.

＊ 기후 변화란 지구의 기후 조건과 기온이 이전과 다르게 변했다는 것을 의미합니다. 기후 변화는 지구에 점점 더 큰 변화를 불러일으킬 것이라고 예상됩니다. 지구 온난화로 인해 빙하가 녹으면서 해수면이 높아지고 있습니다. 기후 변화로 인해 지구 환경은 돌이킬 수 없을 정도로 피해를 입었습니다. 이에 대한 책임은 오직 인간에게 있습니다.

45. 동물을 살리는 방법

동식물과 균류에는 870만 개의 종이 있습니다. 그 가운데 한 번이라도 학문에서 다뤄진 적이 있는 종은 190만 개입니다. 나머지 수백만 개에 이르는 종류의 생명체들은 마치 도도처럼 인간에 의해 생존을 위협받고 있지요. 인간이 집을 짓고, 농장을 만들어 경작하고, 동물을 사냥하고, 무분별하게 숲의 나무를 베어 내고, 환경을 오염시키고, 자연을 파괴하기 때문입니다. 숲을 터전으로 삼고 살아가는 수많은 동물들이 사라지고 있습니다. 게다가 인간이 불러일으킨 기후 변화* 때문에 온난화가 점점 더 심해지고 있지요. 그 결과 빙하가 녹고, 유빙이 사라지고, 물이 부족하게 되고, 수많은 동물이 멸종 위기에 처했습니다. 지구의 미래가 갈수록 불안해지고 있어, 멸종 위기에 놓인 동물들을 살려 내는 일 역시 매일 고군분투하며 완수해야 하는 임무가 되어 버렸습니다.

때로는 멸종 위협을 받는 동물을 동물원과 자연 보호 지역 안에서 보호해야 합니다. 그래야 줄어든 동물의 개체수가 늘어나고, 동물들이 안전하게 살 수 있기 때문입니다. 자연 보호 프로그램은 동물을 보호하고 보살피다 원래의 생활 터전으로 돌려보내 정착시키는 일을 합니다. 이 프로그램 덕분에 많은 생명체들이 야생에서 살아남는 데 성공했습니다.

오스트레일리아에 사는 캥거루쥐, 마다가스카르의 토마토개구리, 프랑스의 스라소니 등이 좋은 예이지요.

물론 가장 좋은 일은 동물들이 자연의 보금자리에서 쫓겨나지 않는 것입니다. 이렇게 되려면 우선 인간이 주변 환경과 숲, 바다를 오염시키지 말아야 합니다. 또한 동물들의 서식지를 무작정 늘리기보다는 동물들이 잘 살아남을 수 있는 좋은 환경을 지키는 것이 더욱 중요합니다. 예를 들면 대서양퍼핀을 보호하기 위해, 브르타뉴 해변과 근처의 몇몇 섬은 인간의 출입이 금지되어 있습니다.

희귀한 동물종을 사냥하거나 사고파는 일을 엄격히 금지하는 법률과 규정을 세우는 일도 꼭 필요합니다. 동물성 제품의 소비를 줄이고 제한하는 일도 동물 보호에 많은 도움이 되고요. 또한 비행기, 자동차, 여객선 운행 횟수를 줄이면 이산화탄소 배출이 줄어들어 환경을 보호할 수 있을 뿐만 아니라 야생 동물들의 이동과 생활을 방해하는 일도 크게 줄어들 것입니다.

멸종 위기에 놓인 동물들을 보호하는 일은 인간의 숙제입니다. 인간이 자연과 함께, 자연 속에서 주의 깊게 살피며 살아가야만 해결할 수 있는 숙제이지요.

도도에 대해 더 연구해 보세요!

도도가 전시된 박물관은 다음과 같아요.

독일 베를린, 자연사 박물관

벨기에 브뤼셀,
자연과학 박물관

영국 케임브리지,
케임브리지 대학 동물학 박물관

미국 매사추세츠 케임브리지,
하버드 대학 비교 동물학 박물관

아일랜드 더블린,
아일랜드 국립 박물관 자연사 분관

남아프리카공화국 더반,
더반 자연사 박물관

남아프리카공화국 이스트런던,
이스트런던 박물관

영국 에든버러,
스코틀랜드 국립 박물관

독일 프랑크푸르트,
젠켄베르크 자연사 박물관

스위스 제네바, 자연사 박물관

일본,
하치스카 마사우지 소장품

덴마크 코펜하겐,
코펜하겐 대학 코펜하겐 동물학 박물관

프랑스 라로셸, 자연사 박물관

스위스 로잔,
주립 지질학 박물관

네덜란드 레이던,
내추럴리스 다양성 센터

영국 런던,
영국 왕립 외과협회 자연사 박물관

프랑스 리옹, 자연사 박물관

미국 뉴욕,
아메리카 자연사 박물관

영국 옥스퍼드,
옥스퍼드 대학 자연사 박물관

프랑스 파리,
국립 자연사 박물관 식물 정원

오스트레일리아 퍼스,
웨스트 오스트레일리아 박물관

모리셔스 포트루이스,
자연사 박물관

체코 프라하, 자연사 박물관

탄자니아 잔지바르, 자연사 박물관

미국 워싱턴,
스미스소니언 국립 자연사 박물관

오스트리아 빈,
빈 자연사 박물관

뉴욕

런던

옥스퍼드

파리

제네바

참고한 책과 인터넷 사이트

《그르지메크의 동물 사전》
베른하르트 그르지메크, 취리히 1969년

《누가 도도를 죽였는가?》
베르나르 피숑, 파리 2012년

《도도와 친구들: 도도의 역사와 동종, 골학》
휴 에드윈 스트리클런드 공저, 런던 1848년

《도도와 친구들: 마스카렌 제도에서 멸종된 새들》
하치스카 마사우지, 런던 1953년

《도도를 기리며》
리처드 오언, 런던 1866년

《도도. 간추린 역사》
에롤 풀러, 뉴욕 2002년

《동인도로 떠나는 자유 연합 네덜란드의 세 번째 위대한 항해》
빌럼 판베스트차넌, 암스테르담 1648년

《동인도 여행기 5권. 인도와 자바섬을 경유한 네덜란드 8척 함선이 경험한 완벽한 여행 또는 항해에 대한 보고서》
요하네스 테오도어 더 브리, 프랑크푸르트암마인 1601년

《루돌프 2세의 정원》
네이처 일루미네이트, 로스앤젤레스 1997년

《루돌프 2세의 동물들》
헤르베르트 하웁트, 파리 1990년

《멸종 위기 종》
에마뉘엘 그룬트만, 파리 2012년

《멸종 위기에 빠진 생물종》
리처드 매카이, 베른 2009년

《사라진 동물들》 세실 무러쇼비르 등저, 레위니옹 세인트데니스 2008년

《수리남 곤충의 변태》
마리아 지빌라 메리안, 암스테르담 1705년

《아시아와 아프리카 여행기》
토머스 허버트, 런던 1638년

《열한 번째 항해》 피터르 빌렘 버호벤, 프랑크푸르트암마인 1613년

《유럽과 아시아 여행기(1608~1667)》
5권, 피터 먼디, 케임브리지 1907~1936년

《알마》 르 클레지오, 쾰른 2020년

《이국적인 생명체 10권》,
샤를 드레클뤼즈, 레이던 1605년

《이상한 나라의 앨리스》
루이스 캐럴, 라이프치히 1869년

《일드프랑스 여행》 2권, 자크 앙리 베르나르댕 드생피에르, 파리 1773년

《자연의 발견. 경험 역사의 단계》
위르겐 골트슈타인, 베를린 2013년

《자연주의 역사》
발레리 샹시고, 파리 2009년

《자연 체계》
칼 폰 린네, 스톡홀름 1766~68년

《전설의 새 도도》
앨런 그리홀트, 카시스 2005년

《전 세계 생명체 개수를 세다》
미하엘 글라이흐, 베를린 2002년

《종의 기원》 찰스 다윈, 런던 1859년

《종의 멸종. 개념의 역사와 윤리적 문제》
쥘리앵 드로드, 파리 2010년

《1626년 이후의 여행기》
토머스 허버트, 런던 1634년

《최초 식민지 지도. 15~19세기 초 정복자에서 해방자로》
마르셀 도리니, 파리 2013년

《친구들과 떠나는 동인도 여행과 모험 2권》 프랑수아 르구아, 런던 1708년

《항해 일지》 2권,
야코프 네크, 미델부르크 1601년

《호기심이 가득한 방》
크리스틴 대븐, 뉴욕 2012년

《희귀한 것들. 대발견 시대의 자연사 기술》 데이비드 애튼버러 등저, 런던 2015년

《필립의 탐험 지도》 런던 1996년

《케이프타운, 모리셔스 그리고 자바섬으로의 여행》
요하네스 크리스티안 호프만, 헤이그 1931년

다음 인터넷 사이트에 접속해 보세요. 생물 보호에 관해 더 많은 정보를 찾아볼 수 있습니다!

https://www.senckenberg.de/de/ueber-uns/organisation/themen/artenschutz/

https://www.mauritian-wildlife.org

https://janegoodall.de/

https://www.bmu.de/themen/natur-biologische-vielfalt-arten/artenschutz/

https://www.nabu.de/tiere-und-pflanzen/artenschutz/index.html

https://www.wwf.de/themen-projekte/

따스한 격려와 배려, 도움과 지원을 주신 분들께
감사의 인사를 전합니다.

한스 코흐
마르틴 츠빌링
알렉산더 뢰벤
세바스티안 마이빈트
프랑크푸르트 젠켄베르크 자연사 박물관과 파리 국립 도서 센터의
힐데가르트 엔팅, 게랄트 마이어

덧붙여
섀넌, 아나에와 자카리
사랑하는 부모님
소니아 밀라에게

Merci beaucoup!(대단히 감사합니다!)

푸릇푸릇 지식 1
도도가 있었다
초판 1쇄 발행 2023년 3월 20일

글 그림 이자벨 핀 | **옮긴이** 전진만
펴낸이 송영민 | **편집** 최은영
디자인 달·리크리에이티브
펴낸곳 시금치 | **주소** 서울시 마포구 잔다리로 7길 18, 502호
전화 02-725-9401 | **전송** 02-725-9403
전자우편 7259401@naver.com
인스타그램 greenspinage | **출판신고** 제2019-000104호
ISBN 978-89-92371-99-5 77000 · 978-89-92371-55-1(세트)

DAMALS DER DODO. Vom Aussterben und Uberleben der Arten by Isabel Pin
© 2021 Karl Rauch Verlag Gmbh & Co. KG, Dusseldorf
Korean Translation © 2023 by Green Spinach Publishing
All rights reserved.
The Korean language edition is published by arrangement with
mundt Agency, Dusseldorf through MOMO Agency, Seoul.

이 책의 한국어판 저작권은 모모 에이전시를 통해 mundt agency와의 독점 계약으로 시금치출판사에 있습니다.
저작권법에 의해 한국 내에서 보호 받는 저작물이므로 무단 전재와 무단 복재를 금합니다.
값은 뒤표지에 있습니다.

지은이 **이자벨 핀**
1975년 프랑스 베르사유에서 독일인 어머니와 프랑스인 아버지 사이에서
태어났습니다. 프랑스 파리와 독일 함부르크에서 회화와 조형을 공부했습니다.
지은 책으로 《회전목마》《나는 노벨상을 받을 거야》《비 오는 날의 동물원》 등이
있고, 40여 권의 책을 쓰고 그렸습니다. 2008년 오스트리아 아동 청소년 문학상을
비롯해 많은 국제 어린이문학상을 받았습니다. 이 책은 2022년 독일 아동 청소년
문학상 논픽션 그림책 후보작으로 선정되기도 했습니다.

옮긴이 **전진만**
연세대학교 연합신학대학원을 졸업하고 독일에서 고전어와 신학, 철학·신학 박사
과정을 마치고 한국으로 돌아왔습니다. 《나를 나로 만드는 건 무엇일까》
《왜 우리는 행복을 일에서 찾고, 일을 하며 병들어갈까》《안녕하세요, 교황입니다》
등을 우리말로 옮겼습니다.